KB057897

최준식 교수의
삶과 죽음 이야기
04

# 전생 이야기
## 역행최면 여행

최준식 교수의 삶과 죽음 이야기 04

# 전생 이야기

### 역행최면 여행

최준식 · 엄영문 지음

# 감사의글

이번 전생 탐사 기획에서 가장 먼저 감사를 드릴 사람은 아무래도 기꺼이 피실험자가 되어준 두 사람(왕수련과 최성민, 가명) 아닐까 싶다. 우선 귀중한 시간을 내어 최면에 응한 데에 감사를 표해야겠지만, 비록 가명이나마 자신들의 최면 내용을 출간하는 데에 동의해 주신 데에 대해서도 깊이 감사드린다.

그리고 최면에는 응했지만 이번에는 포함되지 않은 다섯 분에게도 감사드린다. 비록 그들의 최면 내용이 이번 책에는 실리지 않았지만 전체 기획의 수준을 높이는 데에 중요한 역할을 했기 때문에 감사의 마음을 가지지 않을 수 없다.

그다음으로 감사 말씀을 드릴 분은 같은 팀에서 수고해 준 성해영 교수와 김정호 씨이다. 성해영 교수는 이 분야의 전문가답게 좋은 의견을 주었다. 김정호 씨는 매번 최면할 때마다 무거운 장비를 가져와 촬영해 주었으니 그 고마움을 잊어서는 안 되겠다. 마지막으로 이 11번의 세션 동안 산출된 결과들을 모두 글로 옮겨준 제자 서승진 양에게도 감사드린다. 서 양은 최면 작업 내내 함께하면서 소소한 부분까지 많은 도움을 주었다.

5

물론 이런 기이한 책을 출간해 준 출판사에도 감사를 드려야겠다. 이런 책은 그렇지 않아도 불황인 출판계에서 그다지 환영받을 만한 책으로 보이지 않는다. 그러나 인류의 의식이 진화되는 데에는 분명 일조를 할 수 있는 책이라 생각되는데, 이런 책을 출간할 수 있었던 것은 전적으로 도서출판 모시는사람들의 용단 덕분이라 할 수 있다. 출판사 측에 다시 한 번 감사를 드린다.

2013년 5월 초여름 무렵에
필자 대표
최준식 삼가 씀

차례

Dr. Choi's 04

# 프롤로그

역행최면으로 영계나 전생을 탐구하는 것은 달랐다.

이 일은 이미 내가 잘 알고 있는 분이 수행하고 있었기 때문이다.

우방심리상담소 소장으로 있는 엄영문 박사가 그분으로,

나는 이미 3년 전에 이분으로부터 최면을 배운 적도 있다.

그래서 우리도 뉴턴이 한 것처럼 역행최면 실험을 실제로 할 수 있지 않을까

하는 생각이 들었다.

『죽음의 미래』라는 제목으로 영계(靈界)에 관한 이야기를 단행본으로 출간한 것은 2011년(소나무)의 일이다. 그 책에서는 영계 탐구의 대도사라 할 수 있는 스베덴보리의 연구를 비롯해서 국내에도 소개된 바 있는 지중해의 성자 다스칼로스와 덴마크의 현인 마르티누스의 저작 등을 통해 영계의 실상을 파헤쳤다. 그런데 이들은 가히 성자급의 사람들이라 이들이 하는 말을 보통 사람인 우리가 확인할 방법이 없었다. 스베덴보리나 다스칼로스는 영계를 마음대로 드나들면서 그곳에서 겪었던 이야기를 들려주었는데 그런 능력이 없는 우리가 그 내용의 진위를 어떻게 확인할 수 있겠느냐는 것이다.

그런데 우리에게 그 내용을 알 수 있는 방법이 전혀 없는 것은 아니다. 우리 무의식 속에 저장되어 있는 기억을 더듬으면 되기 때문이다. 앞에서 본 성자들의 한결같은 주장은, 우리가 환생을 거듭하면서 수많은 생 동안 겪었던 일들이 모두 우리 무의식* 속에 저장되어 있다는 것이다. 그뿐만이 아니다. 한 생을 끝내고 다음 생을 받을 때까지 영계에서 영혼의 형태로 겪었던 기억들도 고스란히 우리 무의식

* 여기서는 편의상 무의식이라는 단어를 썼지만 원인체(原因體, causal body)라고 쓰는 게 더 정확할지도 모른다.

속에 저장되어 있다고 한다. 이런 주장이 사실이라면 우리는 이 기억들을 되살리기만 하면 된다. 그런데 이 기억들을 어떻게 되살릴 수 있을까?

내가 아는 한 이 기억을 끄집어 낼 수 있는 가장 좋은, 그리고 거의 유일한 방법은 최면이다. 최면법은 주지하다시피 최면사의 인도 아래 의식과 무의식을 차단하고 있는 '막'을 느슨하게 하든지 혹은 조금 열어서 무의식 안에 있는 기억을 의식 쪽으로 올라오게 하는 기법이다. 우리 무의식 안에는 상상할 수도 없는 양의 지식이나 지혜가 들어 있다. 아니 상상이라는 말 자체도 어울리지 않을 정도로 다양한 온갖 정보들이 가득 차 있다.

이 무의식의 영역은 너무 낯설어 이런 분야를 잘 모르는 사람들에게는 그 기초적인 것조차 설명하기가 쉽지 않다. 무의식의 세계에 비하면 이 의식이 속해 있는 물질계는 대단히 중요한 세계인 것은 확실하지만 초라하기 그지없는 세계라고밖에 할 수 없다. 그만큼 무의식의 세계는 장대하기 때문이다. 그래서 정신과 의사이면서 최면계의 거장이었던 밀턴 에릭슨(Milton H. Erickson, 1901-1980)이 "무의식 앞에서 우리 인간은 유치원생에 불과하다."라고 한 것이리라. 그는 무의식 세계에 관한 한 세계적인 거장이니 그의 말을 허튼소리로 치부할 수 없을 게다.

이렇게 무의식의 세계가 장대하고 심오한 이유 중 하나는 그 안에 전생이나 중음생*에 대한 정보가 담겨 있기 때문이다. 문제는 이 정보를 어떻게 빼내느냐는 것이다. 그런데 인류는 아주 지혜로운 존재라 마침내 이 방법을 알아냈고 이것을 최면이라 불렀다. 그러나 여기에서 다시 문제에 봉착한다. 무의식 안에 정보가 워낙 많기 때문에 최면을 하더라도 어떻게 해야 영계에 대한 정보를 집중적으로 얻을 수 있느냐는 것이다. 그래서 나온 방법이 바로 역행최면법이다. 최면을 할 때 피최면자는 최면사가 묻는 것 외에 다른 것은 대답하지 않는다. 이때 역행최면은 피최면자를 단순히 유아 시절로 보내는 게 아니라 조금 더 뒤로 가게 해서, 영계까지 가게 하든지 아니면 아예 전생으로 보낸다. 이처럼 피최면자를 영계나 전생으로까지 보내는 최면법은, 예상할 수 있는 것처럼 최면법의 주류는 아니다. 그러니까 의료계에서 공공연하게 행해지는 최면법은 아니라는 것이다. 최면은 미국을 비롯해 세계에서 공식적으로 인정받은 의료 기술이지만, 정통 의학 내에서 이런 식의 역행(혹은 퇴행)최면법은 아직은 인정받지 못하고 있다.**

사정이 이러하기 때문에 역행최면법은 의료계 밖에서 이루어지기

---

＊중음(中陰)은 불교 용어로 '영혼' 혹은 '혼백'을 가리킨다. 더 정확히 말하면 '중음신' 이다. 여기서 '중'은 전생과 후생 사이에 있다는 의미이고 '음'은 물질의 몸이 아니기 때문에 붙여진 이름이다. 따라서 중음계는 영계를 가리킨다.
＊＊예를 들어 한국최면학회장을 역임한 변영돈(정신과 전문의) 같은 이는 최면으로 전생을 알 수 있다는 주장들을 전혀 받아들이지 않는다. 그에 따르면 역행법으로 알아낸 영계 이야기나 전생 이야기는 모두 환상이다. 그의 박사학위 논문이 바로

시작했다. 이러한 시도의 결과가 가장 먼저 책으로 정리되어 출간된 것은 아마도 1956년에 미국의 모레이 번스타인이 출간한 『The Search of Bridey Murphy』라는 책일 것이다. 번스타인은 미국 콜로라도에 사는 '버지니아 타이'(책 안에서는 가명으로 '루스 시몬스'라는 이름을 씀)라는 이름의 주부를 대상으로 역행최면을 하다가 영계는 물론 전생까지 도달하는 임상 결과를 얻게 된다. 이때 이 여성은 자신이 전생에 '브라이드 머피'라는 이름의 아일랜드 사람이었다고 주장하고 머피에 대해 자세한 것을 증언하였다. 이 책은 출간됐을 당시 진위 여부를 떠나서 미국 사회에 큰 반향을 일으켰다.*

그다음부터 서양, 특히 미국에는 실로 많은 역행최면 실험이 있었다. 그리고 그것을 정리해서 많은 책들이 나왔다. 이에 대한 자세한 사정은 앞에서 인용한 졸저 『죽음의 미래』를 참고하면 좋겠다. 그 책의 앞부분에서 관련 연구사를 자세하게 다루었기 때문이다. 다만 그 책에서 다룬 연구사 가운데 에드가 케이시(1877-1945)는 간략하게나마 거론할 필요가 있겠다. 왜냐하면 그는 개신교 계통의 신비적 예언가

이 점에 대해 밝히려는 것이었으니, 그가 전생 역행최면에 얼마나 큰 거부감을 갖고 있는지 알 수 있다.
* 많은 연구자들에 따르면 버지니아 타이의 사례는 진짜로 전생을 기억했다기보다 오래 전에 잊혀진 그의 어릴 때의 기억이 전생처럼 떠오른 것이라고 한다. 그 유력한 증거 중 하나는 버지니아가 어릴 때 살았던 집 건너편에 '브라이디 머피(Bridie Murphy)'라는 아일랜드 계열 이민자가 실제로 살았다는 것이 그것이다.

임에도 불구하고 윤회를 인정했기 때문이다. 그가 인간이 윤회한다는 것을 알게 된 것은 자가(self) 최면 상태에서였으니 그도 최면을 아주 잘 활용한 것이라 할 수 있다. 그는 그 뒤부터 필요할 경우 내담자들의 전생을 조사해서 그들의 병을 고쳐주었다. 이렇게 내담자들의 전생을 조사하는 것을 'life reading'이라고 부르는데, 그 사례 수천 건이 지금도 그가 세운 연구소에 보관되어 있다고 한다. 그 자신은 이 자료를 가지고 연구하지 않았지만 그를 연구하는 학자들은 이 자료를 가지고 연구해 좋은 책을 많이 출간했다. 예를 들어 국내에도 번역된 지나 서미나라의 『윤회의 비밀』 같은 것은 대표적인 책이다.

그런데 재미있는 것은 필자가 이전의 책을 쓰면서 가장 많이 의존한 책의 저자 혹은 신비가들이 대부분 기독교도, 그중에서도 특히 개신교도였다는 것이다. 잘 알려진 것처럼 윤회전생은 힌두교나 불교 같은 인도 종교의 교리이다. 그런데 내가 앞에서 언급한 책을 쓰면서 인도 계통 종교의 책을 참고한 경우는 거의 없었다. 반면 환생 교리가 이단으로 되어 있고, 지금도 대부분의 교인들이 이 교리를 인정하지 않는 기독교 계통의 연구에 의존한 바가 컸다. 그래서 그 책을 쓰면서 내내 기독교도들이 이렇게 윤회전생을 구체적으로 체험하고 연구했다는 게 재미있고 놀라웠다. 이 현상을 어떻게 설명할 수 있을까 생각해 보는데, 단지 상대적인 입장에서 볼 때 '개신교가 근대화에 가장 앞섰기 때문에 가능하지 않았을까?' 하는 정도이다.

2.

　내가『죽음의 미래』를 쓰면서 역행최면과 연관해서 가장 많이 인용한 것은 마이클 뉴턴(Newton, Michael)이라는 사람의 글이다. 많은 사람들이 역행최면에 대해서 책을 펴냈지만 뉴턴이 쓴『영혼들의 여행』을 비롯한 그 속편(『영혼들의 운명』)이 가장 구체적인 내용을 담고 있어 많은 도움이 되었다. 그러나 그의 해석에는 도저히 받아들일 수 없는 부분도 적지 않았다. 이런 점은 내 연구에 전혀 인용하지 않았다. 그런데 이 지면은 그의 연구에 대해서 살펴보는 곳이 아니기 때문에 그의 이론이 궁금한 사람은 그의 책을 직접 보든지 필자의 책에서 해석된 그의 설명을 보면 될 것이다.

　내가 여기서 말하고 싶은 것은 뉴턴의 책들을 가지고 원고를 쓰고 있을 때 떠오른 생각이다. 생각 자체는 아주 간단했다. '우리는 언제까지 서양, 특히 미국 사람들의 설만 인용할 것인가?' 즉 '최면을 통한 영계 체험은 미국인만 하는 게 아닌데 왜 그들의 연구만 참고하는가?' 하는 것이었다. 그러나 우리나라에는 이 분야에 대한 연구가 전무하기 때문에 한국인의 사례를 참고하고 싶어도 어쩔 수가 없었다.＊

＊ 예외가 김영우의『전생여행』(정신세계사, 2009)인데 이 책에는 사례만 있을 뿐 그에 대한 해석이 충분하게 실려 있지 않다.

같은 경우는 내가 근사(혹은 임사)체험을 연구할 때에도 겪은 적이 있다. 내가 이 분야의 단행본(『죽음, 또 하나의 세계』, 동아시아, 2006)을 쓴 후 가장 많이 받는 질문은 '한국의 근사체험자들은 어떤 경험을 하는가? 한국에도 근사체험자들이 많은가?' 하는 것들이었다. 그러나 단도직입적으로 말해서 내가 국내에서 접한 사례 가운데 쓸 만한 사례는 하나도 없었다. 나도 근사체험을 했다는 사람들을 몇몇 직접 만나거나 이메일로 접해 보았지만 연구할 만한 경우는 찾지 못했던 것이다. 이 주제를 제대로 연구하려면 훨씬 더 많은 시간을 투여해 전념해야 한다. 그만큼 적지 않은 재정적인 지원도 필요하다. 이런 조건이 갖추어지면 광범위하게 많은 사례들을 찾아내고 그들을 심층 면담해 그 결과를 통계 처리하거나 해석하는 등의 정교한 연구를 해야 한다. 그래야 케니스 링 교수가 행한 연구(『Life at Death』, 커네티코트 대학 출판부, 1980) 같은 책이 나올 수 있다. 당시 나는 이런 조건을 갖춘 상태로 연구할 수 있는 상황이 전혀 아니었다.

그래서 이 분야의 연구는 손을 놓고 있을 수밖에 없었는데, 역행최면으로 영계나 전생을 탐구하는 것은 달랐다. 이 일은 이미 내가 잘 알고 있는 분이 수행하고 있었기 때문이다. 우방심리상담소 소장으로 있는 엄영문 박사가 그분으로, 나는 이미 3년 전에 이분으로부터 최면을 배운 적도 있다. 게다가 엄 박사로부터 역행최면을 직접 받아 보기도 했다.* 지금도 그렇지만 당시에도 엄 박사는 전생 역(逆)행최면으로 사람들을 고치고 있었다. 그리고 나 역시 다른 사람들을 전생

으로 유도하는 최면 체험을 해 보기도 했다. 그래서 우리도 뉴턴이
한 것처럼 역행최면 실험을 실제로 할 수 있지 않을까 하는 생각이
들었다.

이런 생각에 엄 박사께 내 뜻을 전하니 그는 흔쾌히 수락을 해 주
었다.** 이 실험은 엄 박사처럼 고도의 기술을 가진 최면사가 아니면
안 될 것이라는 생각으로 부탁한 것이다. 나중에 직접 역행최면을 할
때 보니 내 생각이 맞았음을 알 수 있었다. 최면을 배워 본 사람은 알
겠지만 최면 중에는 예측하지 못한 일이 자주 벌어지기 때문이다. 그
런 경우를 이번 기획에서도 많이 목격할 수 있었다. 그럴 때 초보자
들은 제대로 대처하지 못해 피최면자를 힘들게 하거나 좋은 기회를
놓치는 일이 발생한다. 어떻든 이번 기획에서 좋았던 것은 단순한 관
찰자가 아니라 최면을 조금은 아는 입장에서 좀 더 적극적으로 동참
할 수 있었던 점이다.

그다음 과제는 좋은 피최면자를 선정하는 일이었다. 최면이라는
것이 아무나 잘 걸리는 게 아니지만 역행최면처럼 심층적으로 들어
가야 하는 최면을 하려면 최면 감수성이 상당히 높은 사람을 찾아야

---

* 그 최면에서 나는 전혀 생각하지도 않았던 유럽의 궁전이 나와 어리둥절했던 기
  억이 난다. 이 궁전의 모습은 아직도 또렷하게 뇌리에 남아 있다.
** 엄 박사는 웬만한 일에는 결코 'no'라고 하지 않는 보기 드문 도인풍의 최면 상
  담사였기 때문에 이 일이 가능했을 것이다.

했다. 그래서 우리는 논의 끝에 일단 내 제자가 중심이 된 이화여대 생들을 대상으로 집단 최면을 해 보자고 의견을 모았다. 그래서 실제로 최면하는 세션을 가졌고 피최면자 중에 두 명을 선정했는데 그중 한 명(왕수런, 가명)의 최면 내용이 이번 책에 실리게 되었다. 이 학생은 최면 감수성이 아주 높아서 최면 후에도 잘 깨어나지 못할 정도였다. 예를 들어 최면 유도를 할 때 종종 손에 풍선이 묶여 있다고 상상하고 손이 공중으로 들려진다고 상상하라고 하는 경우가 있다. 이날도 이런 유도를 했는데 왕수런 학생은 손이 가장 높이 올라갔을 뿐만 아니라 최면이 끝난 다음에도 손을 내리지 못했다. 그래서 그의 손을 억지로 끌어내려야만 했다.

처음에는 우리 둘이서만 시작했지만 일을 더 공정하게 하기 위해 팀을 만들었다. 그리고 일의 틀을 마련하기 위해 내가 대표로 있는 '인간의식연구센터'와 엄 박사가 운영하는 '우방심리상담연구소'가 공동 기획하는 것으로 했다. 아울러 팀을 꾸리기 위해서 이런 분야에 관심이 지대한 서울대 인문과학원의 성해영 교수(종교학 전공)가 같이 참여하기로 했고 정확한 기록을 위해 천도교 전 청년회장인 김정호 씨가 모든 과정을 녹화해 주기로 했다. 이 두 사람 역시 엄 박사에게 최면을 배운 터라 이번 기획에 기꺼이 동참해 주었다.

3.

우리 일은 이렇게 시작되었고 첫 기획 회의를 한 것은 2010년 12월이었다. 당연히 주 최면 진행자는 엄 박사이고 중간에 묻고 싶은 게 있으면 우리도 개입할 수 있게 했다. 실제로 서울대의 성해영 교수는 많은 질문을 했고 그 내용은 본문에 수록되어 있다. 그리고 후일을 위해 자료를 남기고 일의 객관성을 기하기 위해 모든 과정을 녹화해 그 내용을 나의 제자인 서승진 양이 녹취하였다.

이렇게 해서 11번의 최면이 끝나고 그 내용을 모두 녹취한 다음에는 내 일만 남게 되었다. 현실계에서 일어난 일을 지면에 읽을 수 있는 글자로 옮기는 일이 그것이다. 최면은 당연히 구어체로 진행되고 많은 경우 같은 내용이 반복되기 때문에 이것을 정리하는 일이 결코 쉽지 않았다. 예를 들어 최면에는 반드시 유도하는 순서가 있는데 이것은 단순한 내용을 반복하는 것이기 때문에 그것을 다 실을 필요는 없었다. 그리고 일상용어로 진행되기 때문에 구어일 수밖에 없는데 그 구어를 있는 그대로 쓸 수는 없는 일이다. 그래서 이것을 구어의 향취(香臭)는 살리되 적절한 문어로 바꿔야 했다. 그런가 하면 가끔씩은 문장의 원활한 흐름을 위해 아주 간략한 문장이 추가되어야만 했다. 그러나 필자가 임의로 바꾸거나 전체 흐름을 왜곡할 만큼 추가한 것은 없다는 것을 확실하게 밝혀 둔다. 이렇게 해서 정리한 원고를 교차 점검(cross check)하기 위해 엄 박사께 검토를 의뢰했다. 본문에는 엄 박사가 인도자가 되어 내담자를 이끌었으니 그가 말한 내용이 반은 된다. 그것을 내가 1차로 편집은 했으나 본인의 점검을 받아 최종 정리함으로써 신뢰성 있는 결과를 확보하려고 했다. 그렇게 해서 나온 게 바로 이 책의 본문이다.

우리가 최면을 시작한 것은 본문을 보면 알 수 있듯이 2011년 1월의 일이었다. 이후 대체로 2주에 한 번씩 세션을 가졌고 이것을 일단락 지은 것이 2011년 6월의 일이었다. 그동안 우리는 신촌에 있는 엄영문 박사의 '우방심리상담연구소'에서 7명을 대상으로 11차례의 최면 세션을 가졌다. 그리고 이 11차례의 세션 가운데 가장 많은 정보를 주었다고 생각되는 사람 2명(왕수련과 최성진, 가명)을 선정했다. 그리고 그들의 최면 내용을 이 책에 5회에 걸쳐 싣고 각각에는 해설을 달았다. 이 가운데 왕수련의 사례를 위에서 언급한 『죽음의 미래』에 부분적으로 싣기도 했다. 최면 시 피체험자에게 물은 질문들은 다음과 같은 것이었다.

**질문 내용**

1.1 영혼은 어떤 형태를 갖고 있나?

2.1 몸을 빠져나가는 상황은 어떠한가?

3.1 몸을 빠져나간 다음에 어떤 상황이 되는가?

3.2 죽은 다음에 과연 영혼을 인도하는 빛이 있는가?

3.3 어떤 영혼이 마중 나오는가?

3.4 인간의 영혼과 다른 혼들이 있는가?

3.5 안내령이 있는가?

3.6 안내령은 몇 명이고 그들에게도 등급이 있는가?

4.1 영계에서는 얼마 동안이나 머무는가?

4.2 영계는 마을처럼 되어 있는가 혹은 단계로 되어 있는가?

4.3 전생 리뷰는 하는가? 한다면 언제 하는가?

4.4. 전생 리뷰는 혼자 하는가 아니면 안내령과 같이 하는가?

5.1 환생 결정은 언제 어떻게 하는가?

5.2 이 결정을 하기 전에 부모는 어찌 결정하는가?

5.3 환생할 때 어디(자기 몸, 성별, 수명 등)까지 자신이 결정하는가?

5.4 지구와 다른 세계에 태어난 적이 있는가 등등.


이제 최면이 시작된다.

# I

## 나는
## 청나라의 재단사였다!

피최면자 왕수련(가명, 여, 29세) | 일시: 2011.1.26

그렇다면 도대체
이 기억은 어디서 온 것일까?
진짜 전생에서 온 것일까?
아니면 현생에 경험한 것인데
무의식 속
어딘가에 저장되어 있다가
최면 중에 떠올랐던 것일까?
게다가 전생에 있던
자신의 묘로 가서 '이장'이라는
전생의 이름까지
떠올리지 않았던가?
왕은 최면이 끝난 뒤 필자에게
또렷하게
한자로 '李獎(이장)'이라고
써 주었고 그것은 내 공책에
아직도 남아 있다.
과연 이런 사실들을
어떻게 해석할 수 있을까?

피최면자 왕수련(가명)은 중국인으로 한국에 유학 온 학생인데 현재 박사 과정에 있다. 그는 한국인과 결혼해 한국에 살면서 학업과 결혼 생활을 병행하고 있다. 개인적으로는 종교나 예술에 관심이 많으며 그 방면으로 학위 논문을 쓸 예정이다. 피최면자는 두 번에 걸쳐서 최면을 받았다. 우리는 이번 기획에서 피최면자들을 바로 직전의 전생이나 아니면 이번 생에 가장 많은 영향을 준 전생으로 유도하여 그 세계를 탐색하였다

최면 유도를 위해 피최면자에게 먼저 심호흡을 시켰고, 넓고 평화로운 벌판을 상상을 하는 것으로 최면을 시작했다.

**엄영문**(이하 엄)   (심호흡 후) 마음이 많이 가라앉았죠? 그럼 상상으로 끝없이 넓고 평화로운 벌판을 상상해 보세요. (잠깐 시간을 주고) 그 벌판이 어떤 모습인지 제게 간단히 소개해 주십시오. 어떤 벌판이죠?

**왕수련**(이하 왕)   초록색이요.

**엄**   풀들이 잘 자라 있나요?

**왕**   네. 풀들이 높아요.

엄 그 벌판을 보니까 기분이 어때요? 편안하세요?

왕 네.

엄 그렇군요. 좋아요. 풀이 높이 자라 있는 벌판을 보면 아주 편안하게 느껴지겠지요. 이제 영화의 한 장면처럼 그 벌판 안으로 자신이 천천히 걸어 들어가 보십시오. 벌판 안으로 내가 천천히 걸어 들어가 보는 거예요. 자, 벌판 안으로 들어갑니다. 현재의 내 모습으로 들어갈 수도 있고 지금과는 조금 다른 모습으로 들어갈 수도 있어요. 자, 벌판 안으로 내가 천천히 걸어 들어갑니다. 당신은 어떤 모습으로 걸어 들어가고 있죠?

왕 애기요. 애기네요.

엄 네? 애기 모습인가요?

왕 네.

엄 애기 모습을 간단히 소개해 주시죠. 어떤 애기인지, 느껴지는 대로 저에게 간단히 소개해 주십시오.

왕 여자아이인데 10대 초반이에요.

엄 예쁜가요?

왕 네.

엄 어떤 색깔의 옷을 입고 있나요?

왕 노란색.

엄 그럼, 그 모습이 왕 선생의 어렸을 때 모습일까요? 아니면 새로운 모습일까요?

**왕**  잘 모르겠어요.

**엄**  지금 노란 옷을 입고 있는 10대 초반쯤 되는 이 어린아이는 우리를 먼 곳으로 안내하는 영적 가이드가 될 거예요. 영적 세계로 안내하는 안내자가 된다는 겁니다. 그 어린아이에게 그런 요청을 할 겁니다.

왕수련 씨는 현재 대한민국에 살면서 공부하고 있는데 왕 선생님이 지금의 몸을 받기 전 바로 전 전생에서 어떤 삶을 살았는지 알아보려 합니다. 아마 이 어린아이가 우리를 그쪽으로 안내할 거예요. 자, 아이한테 물어볼게요.

"아가야, 우리 왕 선생님이 바로 전 전생에 어떤 곳에서 살았는지 너에게 안내를 부탁하고 싶은데 안내 좀 해 줄래? 너는 착한 아이니까 우리를 왕 선생님이 살았던 바로 전 전생으로 가게 해 주겠지?"

열부터 하나까지 수를 세면 그동안에 벌판을 가로질러서 지평선 저 멀리로 여행을 떠나, 바로 당신이 이 생 직전에 살았던 생으로 여행을 갈 거예요. 자, 그 아이를 따라가니 왕 선생님도 영혼이 그 아이의 영혼을 따라간다고 생각해 주십시오. 자, 갑니다.

(열) 아이야, 우리 앞에서 우리를 안내해 줘. (아홉) 우리는 이 아이를 따라서 왕 선생님의 직전의 전생에서 어떤 삶을 살았는지 알아보러 여행을 갑니다. (최면사는 이렇게 계속 수를 세면서 피최면자를

영계로 인도했다.) 자, (셋) 이제 먼 영혼의 나라로 여행을 왔습니다.

(둘) 마지막 하나에 지평선을 껑충 건너서 갑니다. 바로 앞으로

가 보세요. 간다고 마음먹으면 그곳으로 갑니다. (하나) 그곳으

로 가 보세요.

이제 새로운 영혼의 나라로 여행을 왔습니다. 자, 거기는 어떤

나라인지 설명해 주십시오. 느껴지는 대로 소개해 주세요. 어

떤 모습이죠?

**왕**  아직은 잘 안 보여요.

## 바로 전 생애에 와서

최면자는 피최면자가 최면으로 충분히 유도되지 않은 것으로 판단하고 더 깊은 무의식

으로 유도하기 위해 숫자를 다시 셌다.

**엄**  좋아요. 그럼 제가 다시 열부터 하나까지 천천히 셀 거예요. 지

금 아주 잘했어요. 잘 안 느껴지면 지금처럼 이야기해 주시면

됩니다. 제가 열부터 다시 세는 동안에 왕 선생님은 바로 전 전

생으로 여행을 갈 거예요. (열) 나의 영혼이 저 깊은 심령의 세계

로 여행을 떠날 거예요. (아홉) 점점 더 깊이… (중략) …다시 한 번 (

하나) 그 삶으로 가 보세요. 뚜렷하게 보이지 않아도 좋아요. 직

감으로 느껴 보십시오. 거기는 어떤 나라, 어떤 곳인지 직감으로 느껴 보세요. 거기가 어떤 곳이라는 느낌이 들죠?

왕   시장이요.

엄   좋아요. 영화의 한 장면처럼 그 시장을 가만히 살펴보십시오. 시장의 모습을 느껴지는 대로 소개해 주세요. 사람들이 많이 있나요?

왕   네.

엄   사람들이 많군요. 지금 보는 시장은 어느 나라 시장의 모습인 것 같아요?

왕   중국이요.

엄   그렇군요. 시장을 지나가는 사람들의 옷들을 보십시오. 분위기를 한번 느껴 보십시오. 어떤 옷을 입고 있는지 느껴 보십시오. 전체적인 시장의 분위기는 어때요?

왕   비단옷 파는 가게가 있어요.

엄   아! 혹시 당신은 비단옷 파는 가게 앞에 있나요?

왕   안에 있어요.

엄   좋아요. 거기 있는 나는 옷감을 사는 사람일까요? 아니면 옷감을 파는 사람인가요?

왕   파는 사람이요.

엄   당신의 모습은 어떤가요? 남자라는 느낌인가요, 여자인 느낌인가요?

**왕**  남자요.

**엄**  나이는 몇 살쯤 됐을까요?

**왕**  한 30살쯤?

**엄**  자신의 모습을 보니까 어때요? 후덕하게 잘 생겼나요?

**왕**  뚱뚱해요.

**엄**  비단 장사 왕서방 같은 모습이네요. 자, 그래요. 시간이 점점 흘러가게 될 거예요 비단 가게에서 일어나는 일 중에서 특별히 기억나는 일이 있을 거예요. 시간이 점점 흘러가면서 비단 가게에서 무슨 일이 일어나는지 보세요. 아마 비단 가게에서 특별한 경험이 있을 거예요. 어떤 모습이 보이나요?

**왕**  외국 사람들이 와요.

**엄**  그래요? 이 사람들은 어떤 모습이기에 외국 사람이라는 느낌이 드는 거죠?

**왕**  노랑머리의 서양 사람들이에요. 옷을 만들어 달라고 해요.

**엄**  그럼 그 옷은 전통 옷인가요? 어떤 나라 옷인 것 같아요?

**왕**  전통.

**엄**  그렇군요. 그 가게에서 돈을 많이 버나요? 어때요?

**왕**  저는 옷을 만드는 사람이네요.

**엄**  아-네. 그럼 주인이 아닌가요?

**왕**  아네요. 저는 재봉하는 사람이에요.

최면이 끝난 뒤 피최면자는 이때 자신이 주인이기를 내심 기대했는데 재단사로 떠올라 실망했다는 말을 전했다. 이와 같이 최면 중에는 장면의 모습이 자신의 의도나 기대대로만 떠오르는 것이 아니다. 따라서 이 내용은 최면의 객관성을 확인할 수 있는 사례라 할 수 있다.

**엄** 그럼 주인이 있을 거예요. 주인은 어떤 사람인지 가만히 느껴 보세요. 당신을 고용하고 일을 시키는 사람은 누구인가요?

**왕** 와이프예요.

**엄** 아, 와이프예요? 와이프가 주인이면 당신이 사장일 수도 있는데 왜 사장이 아니라고 하나요?

**왕** 와이프가 돈을 관리해요.

**엄** 아하 돈을 관리해요? 그러면 와이프와 사이는 좋나요?

**왕** 네.

**엄** 와이프의 모습을 소개해 주세요. 어떻게 생겼나요?

**왕** 예뻐요.

**엄** 혹시 그 사람의 인상착의에서 현재 내 주위의 누구와 닮았는지, 유사한 느낌을 주는 사람이 있나요?

**왕** 없어요.

**엄** 그래요. 두 사람 사이에 아이도 있나요?

**왕** 잘 모르겠어요.

**엄** 좋아요. 그럼 부인과 사이는 좋고, 그러니까 돈 관리는 부인이

하고 나는 옷을 만들어 주고…. 사장이나 마찬가지인데 그렇게
사는 데 불만은 없으시죠?

**왕** 네.

**엄** 자, 그러면 당신의 집에 가 봐요. 당신의 집에 가 보면 자식이
있을 수도 있겠네요. 돈을 많이 버니깐 좋은 저택에 살지도 모
르겠고요. 당신이 사는 집으로 가 보세요. 자, 당신이 사는 집은
어떤 모습이죠?

**왕** 사합원이요.* 가게 뒤에 있어요.

**엄** 아– 가게 뒤에. 사택처럼 가게 뒤에 집을 지어 놨네요. 집안으
로 한번 들어가 보세요. 혹시 아이도 있나요?

**왕** 네, 있어요.

**엄** 아들인가요, 딸인가요?

**왕** 아들 하나예요.

**엄** 아들은 몇 살쯤 됐나요?

**왕** 한 다섯? 여섯?

**엄** 아들을 딱 보는 순간 누구라는 느낌이 들까요? 이승에서 아는
누구라는 느낌이 드는 사람이 있나요? 현재 내가 알고 있는 사
람 중에 누구란 느낌을 주는 사람이 있는지?

---

* 사합원(四合院)은 중국의 전통 가옥으로 사방이 모두 건물로 되어 있어 사합원이
라 불린다. 창이 밖으로 나 있지 않은 것이 특징이다.

왕　이모부?

엄　아, 이모부? 좋아요. 내가 그 생을 행복하게 잘 살았는데 그 생에서 특별한 사건이나 경험이 있었다면 그리로 가 봐요. 하나, 두울, 셋. 그리로 가 봐요. 네엣, 세엣, 두울 편안하게 하나-. 자, 갑자기 뭐가 탁 떠오르죠?

## 특별한 사건- 어머니의 죽음

왕　엄마가 죽었어요.

엄　아, 엄마가 죽었어요? 엄마가 돌아가시는 모습을 슬퍼하지 말고 가만히 멀리서 영화의 한 장면처럼 봐요. 자 어머니는 어떻게 해서 돌아가셨죠?

왕　병이요.

엄　엄마의 모습을 보는 순간 지금 현생의 누구랑 닮았다는 느낌을 주는 사람이 있나요?

왕　할머니요.

엄　아, 그러셨네요. 엄마랑 사이가 좋았나요?

왕　네.

엄　엄마가 돌아가셨을 때 자신의 마음을 느껴 보십시오. 어머니가 돌아가실 때 마지막을 끝까지 지켜주셨나요?

**왕**  지켜줬는데, 아픈데 치료할 수가 없네요.

**엄**  그럼 불치의 병이었군요. 그래서 엄마가 돌아가셨을 때 많이 아팠죠?

**왕**  네.


## 아버지의 죽음과 다음 생애의 인연을 약속함

**엄**  그러면 아버지는 엄마보다 먼저 돌아가셨을까요?

**왕**  아버지가 안 보여요.

**엄**  아버지는 당신이 어렸을 때 돌아가셨을지도 모르겠네요. 그러면 세월을 앞으로 가도 좋아요. 아버지가 돌아가셨을 때를 회상해 보세요. 하나, 둘, 셋~! 자, 아버지는 어떤 모습으로 그 삶에서 죽음을 맞이하죠?

**왕**  아버지가 없어요.

**엄**  없어요? 그럼 더 어렸을 때로 가 보세요. 나의 아버지는 누구였을까요? 하나, 두울, 셋. 그곳으로 가 보세요.

**왕**  아빠가 전쟁 때 죽었네요.

**엄**  그럼 전생에서 아버지가 어떻게 돌아가셨는지 전쟁터로 찾아가 보십시오. 하나, 두울, 셋. 아버지가 돌아가셨던 전쟁터로 왔어요.

**왕**    아빠랑 엄마가 저를 안고 도망가고 있는데 아빠가 죽었어요. 총에 맞아 죽었어요.

**엄**    그럼 죽은 아빠의 모습을 영화의 한 장면처럼 보십시오. 가족을 구하기 위해서 애를 쓰셨을 것 같아요. 아빠가 죽어 가면서 마지막으로 어떤 말을 남기셨나요?

**왕**    빨리 가라고요.

피최면자는 이 대답을 하면서 갑자기 눈물을 흘렸다.

**엄**    빨리 가라고요? 자, 죽어 가는 아빠의 모습을 봐요. 많이 슬프죠?

**왕**    네.

**엄**    아까는 엄마가 할머니 같은 느낌이 들었다고 했는데, 아빠는 누구란 느낌이 들까요?

**왕**    지금 아빠요.

**엄**    아빠가 그렇게 해서 죽음을 맞이하면서 다음 생에 다시 만나자는 약속이 있었을 것 같아요. 아빠의 마음을 한번 읽어 봐요. 아빠는 어떤 마음이었나요?

**왕**    빨리 가라고. 잘 살라고……

**엄**    자, 다시 편안하게 저를 따라와 주십시오. 엄마가 죽었을 때로 돌아갑니다. 그래서 엄마의 장례는 훌륭하게 잘 치렀나요?

**왕**  네.

**엄**  엄마도 그 생을 마감하면서 당신에게 한 말이 있을 거예요. 마
지막으로 어떤 말을 남겼을까요?

**왕**  엄마가 아빠의 제사를 제대로 못해서 미안하다고⋯⋯.

이렇게 말하면서 피최면자는 다시 눈물을 흘렸다.

**엄**  엄마가 아빠의 제사를 제대로 못 지내서 미안하다고 한 거군요
. 그래요. 아마 엄마는 죽는 순간에도 그것이 굉장히 마음에 걸
렸나 봐요. 그럼 엄마가 죽음을 맞이한 이후로 다시 당신에게
특별한 일은 없었는지 보세요. 자 다섯, 네엣, 세엣, 두울, 편안
하게 하나. 엄마가 돌아가신 후에 당신의 삶은 평탄했나요? 특
별한 일이 없나요?

**왕**  아들이 공부를 잘해요.

**엄**  자, 아이가 점점 더 성장할 거예요. 아이가 20살 정도 될 때까지
도 공부를 잘하고 훌륭한 모습으로 성장했는지 보세요.

**왕**  아이가 과거 시험을 봐서 진사가 되었어요.

**엄**  자, 그럼 자신의 나이가 점점 더 들어 갈 거예요. 한 50, 60대에
도 비단 장사를 하면서 편안히 살았는지 그 삶으로 들어가 보는
거예요. 또 무슨 일이 있었을까요?

**왕**  아들이 진사가 되는데 돈이 없어서⋯⋯.

엄  비단 장사로 돈 많이 벌었을 텐데 그 돈은 다 어디 갔죠?

왕  그 돈 가지고 안 된대요.

엄  아하, 아들이 돈이 없어서 관가에서 좋은 직책을 못 받았군요.

왕  네.

엄  음- 비단 장사를 해도 안 되는 정도면 어느 정도인지 모르겠지
만 당신의 마음이 많이 아프겠네요. 그래서 아들이 어떻게 되
죠?

왕  책 쓰는······.

엄  글을 쓰는 선비가 되었나 보군요.

왕  다른 사람이 쓴 것을 복사하는 일을 해요.

엄  그때는 복사기가 없으니 필사하는 거네요. 어때요, 좀 안타깝
죠?

왕  네.

엄  재능이 많은 사람인데 필사를 해서 생계를 유지하네요. 필사하
는 것은 공부를 하기 위한 것인가요, 다른 사람에게 돈을 받고
팔기 위한 것인가요?

왕  나라에 기관이 있나 봐요.

엄  아들은 그걸로 행복한가요?

왕  네.

## 자신의 죽음 맞이

**엄**  그러면 이제 시간이 점점 흘러가서 그 삶을 마감하는데, 아내와 자신 중에 누가 먼저 죽음을 맞이하는지 영화의 한 장면처럼 바라보세요. 아내와 당신 중에서 누가 먼저 죽음을 맞이하죠?

**왕**  아내는 건강해요. 제가 먼저 죽어요.

**엄**  어떤 모습으로 그 삶에서 죽음을 맞이하나요?

**왕**  기침을 많이 해요. 피도 토하네요.

이때 피최면자는 얼굴을 많이 찡그렸다.

**엄**  치료는 어떻게 하죠?

**왕**  치료는 못한대요.

**엄**  그때가 몇 살 때쯤인가요?

**왕**  한 육십…….

**엄**  기침도 많이 하고 피도 토하고……. 이제 그 생애에서 죽음을 맞이할 거예요. 마지막까지 당신을 지켜 주는 사람은 누구죠?

**왕**  아내하고 아들하고…….

**엄**  며느리도 있나요?

**왕**  며느리가 없네요.

**엄**  당신이 죽어갈 때 남아 있는 아내와 아들에게 어떤 마음인가요

?

**왕** 많이 슬프지 않아요.

**엄** 많이 슬프지 않다고요? 왜 그렇죠? 행복하게 살아서 그런가요?

**왕** 네. 근데 너무 고통스러워요.

**엄** 아, 빨리 죽고 싶었군요.

**왕** 네.

**엄** 아내의 마음은 어떨까요?

**왕** 아내는 많이 안 슬퍼해요. 어- 나 안 좋아 하나봐…….

여기서 피최면자는 정말로 자신의 아내가 자신을 안 좋아한다고 생각하는 것 같았고 그 표정이 실제 같았다. 연기라고 하기에는 너무 리얼해서 실제로 그렇게 생각한다고 믿을 수밖에 없었다.

**엄** 당신이 고칠 수 없는 병에 너무 오랫동안 고통을 받으니까 '차라리 빨리 죽었으면.' 하는 마음이 있을 수도 있죠. 그 생애를 통해서 깨우친 교훈이 있을까요? 그 생을 되돌아보면 어떤 아쉬움이 있을까요?

**왕** 기술이 있는 게 좋아요.

**엄** 당신은 재봉사로서 최고의 기술을 가지고 있지 않았나요?

**왕** 네. 그래서 아들이 공부를 잘해도 아무 소용이 없어요.

**엄** 왜 그렇죠? 아들이 공부를 잘했는데?

**왕** 아들이 기술이 없어 장가도 못 가고 걱정이에요.

**엄** 아들이 걱정이군요. 말단 관리로 사니까 걱정인가 보네요. 그렇지만 어쩔 수 없이 당신은 그 삶에서 가족들과 이별을 해야 될 거예요. 이별을 하고 당신은 몸과 영혼이 분리되어서 영혼의 나라로 갈 거예요. 그 모습도 영화의 한 장면처럼 영혼이 어떻게 분리되는지 가만히 지켜보십시오. 영화의 한 장면처럼 멀리서 그냥 가만히 지켜보는 거예요. 몸과 영혼이 어떤 모습으로 분리가 일어나죠? 몸에서 영혼이 빠져나오나요? 어떤 모습이죠?

**왕** 가야 하는데 아들이 너무 걱정 돼요.

**엄** 가긴 가야 하는데 아들이 걱정 돼서 몸에서 영혼이 분리가 되지 않는군요. 그래도 가야 할 거예요. 아들은 아들 나름대로 그 삶을 살아갈 테니까 당신은 영혼이 몸과 분리돼서 영혼의 나라로 여행을 가야 될 거예요. 가기가 어려워도 천천히 자신의 몸과 영혼이 분리되는 모습을 영화의 한 장면처럼 멀리서 지켜봐요. (다섯) 너무 안타깝죠. 그러나 아들은 아들대로 그 삶을 살아갈 거예요. 당신은 영혼의 나라로 가야 할 때가 됐어요. 당신의 몸과 분리가 일어날 거예요. 영화의 한 장면처럼 가만히 지켜보는 거예요. (네엣) 그래요. (세엣) 좋아요. (두울) 편안하게 (하나, 슈-). 자, 어때요? 영혼과 육체의 분리가 일어났나요?

**왕** 네 네.

**엄** 떠날 준비가 다 되었나요? 분리되는 모습을 영화의 한 장면처럼 보고 있을 테니까, 어떤 모습으로 분리가 되는지 간단히 소개해 주세요.

**왕** 근데 아들을 데리고 가려는데 안 되네요.

**엄** 당연히 그렇지요. 아들은 당연히 못 데려 가지요. 당신은 연기처럼 분리되나요? 어떻게 분리되나요?

**왕** 분리가 되는데요. 안 보여요.

**엄** 자, 그럼, 죽은 당신의 몸과 가족들을 내려다 보세요. 어느 정도 높이쯤에서 내려다 보는 것 같아요?

**왕** 천장 높이? 천장보다 높은데 근데 사람 얼굴이 다 잘 보여요.

**엄** 영혼으로서 당신이 죽어 있는 시체를 보니까 느낌이 어때요?

**왕** 아, 너무 늙고 추해요.

**엄** 너무 늙고 추한 모습이네요. 그럼 당신은 영혼의 나라로 떠나는 준비를 할 거예요. 여행을 떠나는데 혹시 안내자가 있는지 아니면 혼자 가는지 가만히 느껴 보세요. 어떻게 가죠? 누군가 안내해 주는 안내자가 있나요? 아니면 영혼의 나라로 가는 길을 내가 이미 알고 있는 느낌인가요?

최면 유도자는 영혼이 분리되는 모습을 알고 싶어 그 방향으로 유도를 했으나 피최면자는 최면 유도자의 의도와는 다른 내용을 계속 떠올렸다. 이는 최면이 유도자의 의도대로만 되는 것이 아니라는 것을 확인할 수 있는 사례라 할 수 있다.

# 죽은 뒤 영혼으로 이승에서 머물기

**왕**  음- 아들 때문에 떠날 수가 없어요.

**엄**  아, 그래요? 여한이 있는 사람은 이승을 못 떠난다는 말이 맞는 말이네요. 아들 때문에 떠나지도 못하네요. 자 그럼 당신의 장례 절차를 다 지켜볼 거예요. 당신의 장례는 후하게 잘 진행하나요? 어떻게 장례를 치르죠?

**왕**  어- 아내가 되게 얄미워요.

여기서 왕은 묻지도 않은 질문에 '아내가 아주 얄밉다.'고 말했다. 흡사 자신의 장례식에서 아내를 진짜로 보는 것처럼 말하였다. 당시의 표정에서 우리는 왕이 연기를 한다는 그런 꾸밈은 전혀 느낄 수 없었다.

**엄**  누가 얄미워요? 왜 얄미워요?

**왕**  (남편인 내가 죽었는데 아내는) 슬퍼하지도 않고…….

**엄**  당신은 모든 걸 지켜보네요. 당신의 장례는 어떻게 치르죠?

**왕**  묻었어요.

**엄**  아, 묻었어요? 자신의 산소의 모습을 설명해 보세요.

**왕**  음- 그냥 산에 있고요. 조그만 비석이 있어요.

**엄**  그럼 가만히 비석을 쳐다보세요. '누구지묘' 같은 글자가 있을 거예요. 당신의 비석을 내려다 보세요.

**왕**   이… 장…이라고 쓰여 있어요. 아들이 써 준 거예요.

이때 왕은 매우 뿌듯한 표정을 지었다. 정말로 아들이 써 준 것이라는 자부심어린 표정이었다.

**엄**   이장지묘. 이름이 두 자네요?

최면이 끝난 뒤 왕에게 한자로 이름을 써달라고 부탁하자 거침없이 '李裝'이라고 썼다. 이때에도 왕이 꾸며대고 있다는 느낌은 들지 않았다.

**엄**   자신의 비석이 마음에 드나요?
**왕**   괜찮아요.

왕은 이때에도 꽤 흡족해 하는 표정을 지었다.

**엄**   당신의 집 주변에서 머물죠? 계속 거기서 머무나요? 자, 시간이 점점 흘러가게 될 거예요. 아들은 안타깝고 아내는 좀 얄밉군요. 어느 기간까지 머물게 되나요?
**왕**   근데 아내가 아들한테 잘해 주네요.
**엄**   아하 그래요? 마음이 조금 놓이나요?
**왕**   네.

엄 보통 우리는 영혼의 나라에서 일주일에 한 번씩 재판을 받는다
는데 그런 과정이 있나요? 일정한 기간 단위로 재판을 받나요?

왕 아니요. 그냥 다녀요. 아무 데나요.

엄 당신은 주로 어디로 돌아다녔나요?

왕 집하고 가게요.

엄 내려다 보고 있나요? 아니면 바닥에 앉아 있나요?

왕 아니요. 떠다녀요.

엄 다른 사람의 눈에는 당신이 전혀 안 보이죠? 당신이 떠나왔던,
당신이 없는 가게를 가 보세요.

왕 잘 안 돼요.

엄 잘 안 돼요? 아들도 혹시 엄마를 좀 도와주나요?

왕 아니요. 아들은 출근해요.

엄 당신이 영혼이니까, 그 가게가 잘 될 수 있도록 해 줄 수 있는
방법이 있나요?

왕 옷을 만들 사람이 없으니까 천만 팔아요. 근데 사람들이 저를
찾아요. 제가 옷을 잘 만들었나 봐요. 사람들이 옷 만들어 달라
고 하는데 제가 없으니까 그냥 천만 사고 가네요.

엄 안타깝죠?

왕 아니요. 아내가 얄미워요.

엄 아내를 도와주고 싶은 마음이 없는 거네요.

왕 네.

엄  자, 그럼 시간이 점점 가게 될 거예요. 당신은 언제까지 머물렀죠? 떠나지 않고 집 주변에서 머물렀던 기간이, 인간의 시간으로 따지면 얼마나 되었나요?

왕  음–, 한 두 달 정도.

엄  약 두 달 정도면 짧은 기간이었네요. 떠나려는 마음을 먹은 이유는 무엇인가요?

왕  아내한테 정떨어졌어요.

엄  그럼 아들한테는?

왕  아들한테도 인제 정떨어졌어요.

엄  그들의 삶은 그들에게 맡겨 두고 당신은 영혼의 나라로 가겠다고 마음을 먹은 거네요.

왕  네.


## 영혼의 세계로 들어가는 순간

엄  그럼 영계로 들어가면 혼자서 가게 되는 것인지 안내해 주는 사람이 있는지 느껴 보세요.

왕  혼자 위로 빨려 들어가는 느낌.

엄  빨려 들어가는 느낌? 그래요? 지금은 모습이 느껴지나요?

왕  안 보여요.

**엄** 그럼 어디론가 영혼의 나라로 도착될 거예요. 거기가 영혼의 나라인지 어딘지 모르겠네요. 자 어딘가 빨려 들어가서 도착한 곳이 어떤 느낌이 들죠?

**왕** 모르겠는데 부드러워요. 솜 같아요.

**엄** 아, 솜 같은 부드러운 느낌. 그런데 느낌만 있나요? 아니면 모양도 있나요?

**왕** 모양은 없어요.

**엄** 거기 갔을 때 당신보다 먼저 돌아가신 부모님이나 다른 분들이 나를 맞이하고 있나요?

**왕** 아버지가 앉아 있어요.

**엄** 그래요. 아버지 모습은 보이나요?

**왕** 아버지가 고구마 먹으래요.

**엄** 아버지는 어떤 모습인가요? 돌아가셨을 때 그 모습인가요?

**왕** 젊어요.

**엄** 어떤 옷을 입고 있나요?

**왕** 옷? 머리만, 얼굴만 보이고 다른 건 안 보여요.

**엄** 아버지가 기다리고 있었나요?

**왕** 계속, 고구마를 들고 기다리고 있었어요.

**엄** 아버지한테 물어보세요. 여러 가지 음식 중에서 왜 고구마를 들고 기다리고 있는지.

**왕** 아, 제가 이빨이 없어서 고구마밖에 못 먹었대요.

엄  아, 아버지는 자신이 죽었을 때 당신이 어려서 이빨이 없다는
   것밖에 기억을 못하는 거네요.

왕  고구마 먹었어요.

엄  맛은 어때요?

왕  맛있어요.

엄  그 고구마가 이승에서도 볼 수 있는 그런 고구마일까요 아니면
   에너지일까요?

왕  부드러워요.

엄  에? 부드러워요? 좋아요. 그러면 엄마는 어디 갔을까요? 아버
   지는 계시고.

왕  엄마는 안 보여요.

엄  그럼 아버지한테 엄마가 어디 있는지 한번 물어보세요.

왕  아빠가 엄마를 기다렸는데 저만 왔대요.

엄  아버지에게 제가 다시 물어볼게요. 왜 거기 같이 안 계시죠?

왕  아빠가 엄마를 못 만났대요. 엄마가 어디 있는지 모른대요.


**어머니의 영혼과 환생**


엄  좋아요. 영혼의 나라에서는 공간과 시간을 초월해서 어디든 갈
   수 있어요. 엄마가 있는 영혼의 나라를 가 보세요. 자 혹시 엄마

의 모습이 느껴지나요?

왕  엄마가…….

엄  음, 엄마가…….

왕  엄마가 애기예요.

엄  애기예요? 그래요? 그럼 엄마의 모습을 간단히 소개해 보세요.

왕  한 열 살 정도, 여자애예요.

엄  엄마의 얼굴만 보이나요?

왕  아니요. 다 보여요.

엄  그러면 엄마는 다시 태어난 것 아닌가요? 거기는 영혼의 나라
일까요? 아니면 다시 환생한 것일까요?

왕  집에 있어요.

엄  엄마가 다시 태어난 모양이네요. 그래서 못 만났네요. 영혼의
나라에서는 시간과 공간을 초월해서 어디든지 갈 수 있다고 했
지요. 그러면 엄마가 죽었을 때의 모습을 다시 회상해 보세요.
엄마의 영혼이 어디로 가는지 엄마의 영혼을 쫓아가 봐요.

왕  어? 엄마가 언제 죽었는지 기억이 안 나네요.

엄  기억이 안 나요? 엄마가 불치의 병으로 돌아가셨다고 했거든
요. 그때의 모습으로 갈게요. 자, 엄마가 돌아가실 그때로 갑니
다.

왕  어엉……. 엄마가 너무 아프게 죽었어요.

엄  아, 그래요? 엄마의 영혼은 어디로 가는 거죠?

왕  엄마 영혼이 안 보여요.

엄  다시 조금 기다려 봐요. 엄마가 아프게 죽었지만 엄마의 영혼
도 분리될 거예요.

최면자는 열부터 하나까지 거꾸로 수를 세면서 피최면자에게 엄마의 영혼이 영혼의 나
라로 갔는지 알아보라고 했다.

왕  안 갔어요. 엄마가 안 아프게 살고 싶대요. 멀리 갔어요.

엄  아. 엄마가 멀리 갔다고요? 엄마는 새로운 몸을 받아서 바로 태
어난 거네요.

왕  아닌데요. 추운 데로 갔어요.

엄  예? 추운 곳으로 갔나요? 추운 곳으로 가서 인간의 몸으로 바로
환생했나요?

왕  아니요.

엄  엄마가 간 영혼의 나라와 아빠가 간 영혼의 나라가 다른 곳이네
요?

왕  네.

엄  엄마는 아빠를 따라가지 않고 왜 다른 곳으로 갔나요? 엄마는
왜 아빠를 안 따라 가고 추운 곳으로 갔을까요? 엄마 스스로 결
정하는 게 아닌가 보네요?

왕  여기 잠깐 있다가 다시 태어날 수 있대요. 엄마가 고생하고 있

어요.

**엄**  어디서 고생하고 있는 거죠?

**왕**  그 추운 데에서…….

**엄**  영혼은 눈에 보이지 않는데 영혼이 하는 고생은 어떤 것인가요?

**왕**  쭈그리고 멈춰 있어요.

**엄**  혹시 다른 영혼도 있나요?

**왕**  네.

**엄**  엄마가 혹독한 조건을 견디고 있네요. 그런데 추운 나라에서 웅크리고 있는 엄마가 스스로가 어떤 몸을 받을 것인지 결정하는지 아니면 누군가 지시를 받아서 하는지 엄마가 다시 태어나는 과정을 가만히 느껴 보는 거예요. 자, 다시 엄마가 환생하는 과정을 지켜보세요.

**왕**  엄마가 작아져요.

**엄**  엄마가 작아져요? 영혼으로 들어가는 몸을 바꾸기 위한 준비 과정인가 봐요. 엄마가 작아지는 게 스스로 하는 것인가요 아니면 누군가로부터 지시를 받은 것일까요?

**왕**  모르겠어요. 엄마가 갔어요.

**엄**  갔어요? 그렇다면 갔다는 의미는 새로운 몸을 받았다는 거네요. 엄마가 추운 나라에서 어디로 갔는지 찾아가 봐요.

**왕**  아, 시골집이에요.

엄  엄마한테 물어봐요. 엄마 영혼에게 시골집에 태어날 때 엄마 스스로 결정했는지 아니면 누군가가 시킨 것인지.

왕  엄마가 알아서 갔대요.

엄  그럼 또 물어볼게요. 왜 하필 시골에서 사는 아이의 모습으로 태어났을까요?

왕  엄마가 거기 가야 된대요.

엄  혹시 그렇다면 그 아이의 운명을 엄마는 다 알았나요?

왕  아니요. 모른대요.

엄  그 아이가 어떻게 살 건지는 정해지지 않았네요. 그렇지만 그 아이의 몸을 받은 것은 엄마 스스로 판단한 거네요. 그렇게 한 것이 맞나요?

왕  엄마가 앞으로 아플 건지 안 아플 건지는 모른대요.

엄  다시 정리해 볼게요. 엄마가 아빠의 영혼을 만나지 못한 것은 엄마가 고통을 받다 돌아가셨으니까 빨리 다시 태어나고 싶어서 추운 나라에 가서 웅크리고 있다가 엄마 스스로 시골의 소녀로 태어났기 때문이라는 것이죠? 그런데 엄마도 자신이 아플 것인지 안 아플 것인지 그 어떤 상태로 살아갈지는 모른다는 거네요. 그래요. 자, 그럼 다시 자신은 아버지에게 고구마를 받아먹었던 그 영혼의 나라로 와 보십시오. 아버지와 두 분이 계속 함께 사나요?

왕  네. 같이 있어요.

## 영계의 모습에 대해

엄  우리 지구에서는 밥 먹고 돈도 벌고 하는데 영혼들은 그런 일이 없으니까 그 나라에서 어떻게 사나요?

왕  아빠가 계속 앉아 있고 저는 아빠 앞에 앉아 있고…….

엄  영혼의 나라에 지도령이라고 할까요? 자신보다 더 높은 수준의 영혼이 직전의 삶을 평가를 하거나 치료해 주는 그런 시간이 있을까요?

왕  아니요. 저는 여기서는 비단 장사를 하는 사람이 아니에요.

엄  제가 했던 말은요, 영혼의 세계에서 어떤 존재가 왕 선생님이 비단 장수로 살았던 삶을 평가하거나 지도해 주거나 하는 것이 있느냐는 것이지요.

왕  아니요. 없어요. 다른 사람들은 내가 뭘 했는지 몰라요. 그냥 즐거워요.

엄  즐거워요? 뭘 하는 데 즐겁죠? 존재 자체가 즐거운 것인가요?

왕  아무것도 안 해요.

엄  그런데도 즐겁나요?

왕  네.

엄  즐겁다는 느낌이 지구상에서 느끼는 것과 영혼이 느끼는 것과 어떤 차이가 있죠? 같은 것일까요?

왕  아니요. 여기서는 아무것도 안 하고 모든 사람이 안 움직여요.

그런데 다 즐거워요.

엄 움직이지 않고 가만히 있는 것도 즐거운 거네요. 그래요? 아버지와는 대화를 잘 나누나요?

왕 아니요. 말 잘 안 해요. 사람들이 다 웃고 있어요.

엄 아, 이심전심이라고 서로 마음이 통하나요?

왕 네, 통해요.

엄 어떤 이야기가 주로 통할까요?

왕 지구상에서 했던 일들은 기억이 잘 안 나요.

엄 아, 그럼 주로 어떤 내용이 통할까요? 영혼들끼리……

왕 구체적인 대화 내용은 없는데요.

엄 아, 구체적인 대화는 없는 거네요. 좋아요. 그곳의 규모를 느껴본다면 몇 명 정도의 영혼이 느껴지나요?

왕 많아요.

엄 규모가 느껴지나요? 혹시 숫자로 셀 수 있나요?

왕 그렇게 꽉 차지 않고요, 여유 있어요.

엄 혹시 거기뿐 아니라 여러 개가 있나요?

왕 으흠. 그건 모르겠어요. 다른 곳에는 별로 관심이 없어요.

엄 지구상에서 말하는, 수행을 하거나 영적인 진화하는 곳은 없는 거네요.

왕 네.

## 환생 과정에 대해

엄  혹시 거기서 지금 2011년도에 이런 모습으로 태어난 것이 언제 계획되었는지 누구랑 의논한 것인지 한번 느껴 보세요. 어떤 과정을 거치죠?

왕  아빠가 "같이 가지 않을래?" 물어봤어요. 그래서 아빠를 따라갔어요.

엄  따라간다는 것은 지구로 내려온다는 거네요.

왕  네.

엄  그렇다면 아빠가 "따라 가지 않을래?" 할 때 무작정 따라갔나요? 지난번 비단 장수의 삶을 살면서 깨우친 바가 있어 다시 태어나면 무엇을 하고 싶다는 소원이 있었나요?

왕  아니요.

엄  영화의 한 장면처럼 찾아보십시오. 어떤 모습으로 영혼이 들어가는지, 스스로 결정해서 어떤 몸으로 들어간 건가요?

왕  저는 그냥 아빠를 따라갔어요.

엄  아, 아빠를 따라갔네요. 그럼 아빠가 먼저 들어가는 모습을 보세요. 아빠는 누구의 몸으로 들어가나요?

왕  으흠. 근데 애기가 아니에요.

엄  뭐가?

왕  아빠가 들어간 사람이 애기가 아닌데요.

**엄** 애기가 아니라고요? 그럼 애기가 아닌 어른 몸으로도 들어갈
수 있나요?

**왕** 네.

**엄** 그래요? 아빠는 어떤 사람에게 들어갔나요?

**왕** 남자예요.

**엄** 몇 살쯤 되는 사람인가요?

**왕** 20대 쯤.

**엄** 아빠가 왜 그 사람을 선택했는지 모르겠네요. 아빠한테 물어보
세요. 왜 갓난아기를 선택하지 않고 20살 남자를 선택했는지
물어보세요.

**왕** 아빠가 내 아빠를 해야 된대요.

**엄** 아, 그러니까 자신의 아이로 태어나라고 한 거네요.

**왕** 네.

**엄** 아빠가 다시 태어나는데 나는 20살쯤 되는 사람의 몸으로 들어
가고 '너는 바로 나의 아이로 태어나라.' 그렇게 한 건가요?

**왕** 네.

**엄** 그렇군요. 그 20살 청년이 그럼 바로 지금의 아빠군요. 당신은
행복한가요?

**왕** 네.

**엄** 엄마는 그럼 어떻게 선택한 거죠? 엄마도 당신의 영혼과 관련
이 있나요?

**왕**　잘 모르겠어요.

**엄**　나머지 형제들과의 인연도 사전에 결정이 되었나요?

**왕**　저 형제가 없어요.

왕은 한 자녀만 인정하는 중국의 정책에 따라 태어났기 때문에 외동딸이다.

**엄**　좋아요. 오늘은 시간이 많이 가서 이 정도로만 하겠어요. 자, 모든 것을 내려놓고 다시 편안하게 저를 따라와 보십시오. 다시 맨 처음에 떠올렸던 편안한 벌판으로 가 주십시오. … 그 벌판을 산책해 보십시오. 이제 그 어린아이가 아니라 지금의 당신이 벌판 안으로 여유 있게…….

이런 암시를 주면서 왕으로 하여금 서서히 최면 상태에서 깨어나게 했다.

최면이 끝난 뒤 면담을 통해 왕은 최면 상태에서는 이야기할 수 없었던 몇 가지 사실을 털어놓았다. 그는 최면에서 깨어나자 곧 이번 생에 자신이 어렸을 때 천(옷감)들을 보면서 행복해 했던 기억이 떠올랐다고 실토했다. 이 추억은 지금까지 한 번도 생각해 본 적이 없었는데 갑자기 지금 떠오른다고 했다. 만일 위에서 본 왕의 전생 기억이 모두 사실이라면 지금 떠올린 기억은 직전 전생의 직업과 관계되는 것으로 생각된다. 위에서 본 것처럼 왕은 직전 전생에서 옷을 만드는 재단사로서 살았기 때문에 당시 옷을 만들면서 즐거워했던 기억이 이번 생에서 천을 볼 때 되살아났을 수도 있을 거라는 생각이 든다.

　그런가 하면 왕은 자신이 한국에 와서 학업 이외에 배우고 싶은 일을 찾았는데 그것은 서울 북촌에 가서 조각보 만드는 일이었다. 그런데 신기한 것은 자신이 조각보 만드는 일을 시작한 지 한 달 정도밖에 되지 않았는데 기량이 몇 달 전에 배우기 시작한 사람들을 모두 추월했다고 한다. 긍정적으로 해석하면 왕의 이 체험도 직전 전생과 연관이 된다고 할 수 있다. 한국에서 하고 싶거나 배우고 싶은 일을 찾았을 때 바느질을 주로 하는 조각보 만들기를 배우는 일을 선택한 것부터가 흥미롭다. 한국에서 할 수 있는 많은 일 가운데 천으로 작품 만드는 일을 택한 것은 직전 전생에서 재단사로서 옷을 만드는 일과 아주 유사하기 때문이 아닐까. 게다가 그가 바느질에 아주 능했다는 사실은 재단사로서의 전생에서 온 습력(襲力)이 연속된 것일 수 있다는 생각을 가능하게 한다. 카르마에는 연속성이 있는데 이런 경우가 그런 것을 설명해 준다고 하겠다.

그런데 이번이 첫 번째 최면이라 그랬는지 왕의 체험에서는 우리가 기대한 것들이 별로 발견되지 않았다. 우선 왕에게서는 전생을 정리하는[life review] 기억이 전혀 없었고, 이와 관련해 중간 영역도 발견되지 않았다. 스베덴보리나 마이클 뉴턴에 따르면 영혼이 몸을 떠나면 중간 영역으로 가서 전생을 복습[review]하는 순서가 있었는데, 왕의 경우에는 그런 것이 전혀 발견되지 않았다는 말이다. 그가 묘사한 영계는 너무 간략했다. 지금까지 근사체험을 비롯해 영계를 묘사한 서적에서 반드시 등장하는 안내령들에 대한 언급 역시 전혀 없었다. 이런 책에서 전하는 영계 체험에 따르면 영혼 상태가 되면 여러 안내령들이 나와 안내 혹은 지도하는 장면이 나오는데 왕에게서는 이런 것이 전혀 나타나지 않은 것이다. 그러나 마지막에 아버지 영의 지도를 받아 같이 환생한 것을 보면 왕에게는 아버지의 영이 지도령이라고 볼 여지는 있다.

왕이 묘사하는 영계의 모습은 아주 단순하다고 했는데, 가령 왕은 영혼 상태가 된 뒤 바로 아버지가 기다리는 곳으로 갔고, 그곳에 있는 영들에 대한 묘사가 그러했다. 그에 따르면 거기에 있는 영들은 머리만 있는 것처럼 보였고 아무것도 하지 않고 있었다. 단지 웃는 표정을 하면서 즐거워하고 있다는 것이 전부였다. 그곳에서 더 수행을 하거나 공부를 해서 영적인 진화를 도모하는 그런 것이 없었다. 그러나 그 영들이 어떻게 소통하느냐는 질문에는 텔레파시를 인정하는 듯한 발언을 했다. 왕이 묘사하는 이 세계가 만일 실재하는 것이라면 이곳은 어떤 등급에 있는 영계인지 궁금하다. 섣부른 추측일 수 있지만 왕의 전생을 생각하면 이곳은 그리 높은 수준의 영계가 아닐 수 있다. 왜냐하면 왕의 전생은 시장에서 옷을 만드는 사람이었고 부인과의 관계도 그다지 수준 높았던 것 같지 않으니 이런 영혼들이 가는 영계 역시 그다지 높지 않은 단계의 영계가 아니겠는가 하고 생각해 볼 수 있다. 그러나 이것은 그야말로 추측이다. 왜냐하면 그 전에 있었던 수많은 전생에서는 어떤 삶을 살았는지 알 수 없기 때문이다. 그렇지만 왕이 이 세상에 나올 때에 용의주도하게 자신의 삶을 고안하거나 기획한 것이 아니라 아버지 영혼의 권유에 따라 그냥 나온 것을 생각해 보면 그는 아직 초보 영혼인 것으로 보인다.

아울러 그가 묘사한, 그의 모친이 있다고 하는 영계의 모습도 한번 주의를 기울일 만하다. 그의 모친은 추운 곳에 있다가 환생했다고 전하는데, 이와 같은 추운 영계에 대해서는 몇몇의 책에서 보고된 바가 있다. 예를 들어 다른 사람과 담을 쌓고 모질게 대한 사람들은 이런 영계에 간다는 보고가 있다. 즉 전생에서 행한 일을 깨닫게 하기 위해 그런 영계에 태어난다는 것이다. 전생에서 다른 사람들을 그렇게 차갑게 대했으니 영계에서는 그의 찬 마음이 바깥에 투영되어 자신이 그런 세상을 만들고 그곳에서 살게 된다는 것이다(아니, 누가 시키지 않아도 이런 사람은 이런 현실을 만들고 그 속에 살 수밖에 없다는 것이 진실일 것이다). 이런 것이 사실인 것을 알면 어느 누구도 남들에게 차갑게 대할 수 없지 않을까? 세상의 모든 종교가 이웃을 사랑하라고 하는 것은 다 이런 이유가 있는 것이다.

그런가 하면 우리가 전혀 이해할 수 없는 묘사도 있었다. 예를 들어 그의 아버지 영이 환생할 때 어린 아이의 몸으로 들어간 것이 아니라 20대 남자의 몸으로 들어갔다고 하는 것이 그것이다. 도대체 이런 일은 어떻게 이해해야 할지 가늠이 되지 않는다. 그러나 왕은 처음 역행 최면을 받은 것이라 우리가 그에게서 너무 많은 것을 바라는 것은 성급한 일일 것이다. 게다가 왕은 이런 주제에 대해 그리 관심이 없었고 공부한 바도 없어 더 구체적인 정보를 주지 못했는지도 모른다. 그러나 첫 번째 최면 치고는 꽤 좋은 정보를 얻을 수 있었고, 무엇보다 수확인 것은 왕이 보인 태도였다. 그는 전생으로 돌아가 재단사로서의 역할을 매우 충실하게 해 냈다. 필자에게는 왕이 최면을 받는 동안 눈물을 흘리고, 괴로워하고, 좋아하는 모습이 아직도 선한데, 이것은 너무나 진지해서 장난질한다거나 그저 시늉만 하는 것이라고 볼 수 없었다.

그런가 하면 그의 전생은 추측컨대 청나라 말기에 진행되었던 것 같다. 서양인들이 왕의 가게를 방문했다든가 아버지가 총에 맞아 죽었다는 이야기를 통해 그렇게 예단할 수 있겠다. 왕은 이런 사실들을 어떻게 해서 생각해 낸 것일까? 왕은 최면에서 깨어난 뒤 이런 일들은 이전에는 꿈에도 생각해 보지 못한 것이라고 실토했다. 그렇다면 도대체 이 기억은 어디서 온 것일까? 진짜 전생에서 온 것일까? 아니면 현생에 경험한 것인데 무의식 속 어딘가에 저장되어 있다가 최면 중에 떠올랐던 것일까? 게다가 전생에 있던 자신의 묘로 가서 '이장'이라는 전생의 이름까지 떠올리지 않았던가? 왕은 최면이 끝난 뒤 필자에게 또렷하게 한자로 '李裝(이장)'이라고 써 주었고 그것은 내 공책에 아직도 남아 있다. 과연 이런 사실들을 어떻게 해석할 수 있을까?

# II

## 지옥은
## 내 마음이 만들어 낸다

피최면자 왕수련(가명, 여, 29세) | 일시: 2011.2.8

그런데 왕은 술회하기를
이 큰 눈이 자신을 감시하거나
꾸짖기 위해 있는 것 같지는 않다
고 했다.
아니, 오히려 그 눈은 상당히
자비스러웠다고 회상했다.
그리고 이 큰 눈이 요구하는 것은
어려운 일이 아니라
단지 그 복수하겠다는 마음을
버리는 일이었다고 한다.
그리고 그 감방 같은 공간에서
탈출하는 것도 어려운 일이
아니라 단지 그 부정적인 마음만
버리면 된다는 것이었다.
그러니까 다른 영혼이 왕을 가둔
게 아니라 스스로 그런 환경을
만들어 낸 것이다.

## 왕수련의 두 번째 최면에서

왕으로 하여금 이전 전생을 다시 기억하게끔 충분하게 최면 유도를 했는데 이 장면은 생략하고 바로 본론으로 들어간다.

**엄**  비단 장사 시절 옷을 만들던 그때로 다시 돌아갑니다. (다섯부터 둘까지 차례로 센 다음) 하나. 그리로 가 보십시오. 지금 어떤 장면이 떠오르나요?

**왕**  아들이 글공부를 하고 있어요.

**엄**  아들이 몇 살쯤 되는 모습이죠?

**왕**  열 살쯤.

**엄**  아들이 공부하는 것이 어떤 것일까요? 통상 사서삼경이라고 하는 그런 책인가요?

**왕**  그런 것 같아요.

**엄**  자, 그럼 순간적으로 서기 몇 년도였는지 숫자가 눈앞에 떠오를 거예요.

**왕**  모르겠는데요.

**엄**  그럼 혹시 아들이 글공부를 할 때 역사적으로 어떤 일이 있었는지, 혹은 나라 전체나 외국에서 특별히 무슨 일이 있었는지 기억나는 게 없나요?

**왕**  그런 질문을 받으면요, 의식이 쏠려가요. 그래서 제가 최면 걸리기 전의 의식이 다시 살아나려고 해요.

**엄**  아, 그래요? 그러면 다시 한 번 얼굴을 감싸는 부드러운 빛이 당신 머릿속으로 깊이깊이 아주 깊이 들어오면서 당신 의식의 저 깊은 곳으로 여행을 떠날게요. 좋아요. 점점 더 깊이 (수를 다시 거꾸로 세고) 아주 깊은 휴식의 여행을 떠나세요. 편안하게 느끼는 대로 말씀해주시면 좋아요. 다시 지난번에 떠올렸던 비단 가게로 가 볼게요. 잠시 기다리면 비단 가게 모습이 떠오를 거예요. 그럼 비단 가게가 떠올랐다는 표시로 손가락으로 저에게 신호를 보내 주십시오. 점점 더 먼 무의식 시간으로 갑니다.

왕은 곧 비단 가게가 떠올랐다는 표시로 손가락을 살짝 들어올렸다. 이것은 최면 시 자주 쓰는 방법이다.

**엄**  자, 어떤 이미지가 떠오르죠?

**왕**  색깔이…….

**엄**  주로 어떤 색깔이 떠오르죠?

**왕**  청색…….

**엄**  이 옷감을 한국말로는 비단이라고 하는데 그곳에서 옷을 파는 전문인들은 청색의 비단을 뭐라고 부르는지 가만히 한번 느껴 보십시오. 청색의 비단……. 비단의 고유한 명칭이 문득 생각이 안 나도 좋아요. 내가 재봉질을 했다면 일반인들이 잘 모르는 전문적인 용어가 떠오르는 게 있을 거예요. 점점 더 깊이……, 비단의 종류라든지 전문적인 용어를 무의식이 기억할지도 몰라요. 어때요? 특별히 비단과 관련된 전문적인 용어가 떠오르거나 생각나는 게 있나요?

**왕** 그런 호칭이나 연도는 모르겠고요. 지금 다시 의식이 돌아오는 것 같아요. 최면이 깰지도 모르겠어요.

**엄** 아, 그래요? 그럼 다시 편안하게 내려놓읍시다. 우리가 괜한 호기심을 가졌던 것 같네요. 자, 그럼 왕 선생님, 당신이 비단장수로 살았을 때 죽음을 맞이하는 장면을 다시 한 번 회상해 보십시오. 부인이 당신에게 쌀쌀맞아 서운했던 감정 같은 것을 다시 한 번 편안하게 회상해 보십시오. 지난 번 기억이 그대로 다시 되살아나죠?

**왕** 네. 옛날 일처럼 떠올라요.

**엄** 지난번에 하늘나라로 갔을 때 아버지가 고구마 같은 걸 들고 있었다고 했죠? 아버지가 환하게 웃으면서 당신을 기다리고 있었다고 했지요. 그때 우리가 몇 가지 못 물어본 게 있었어요. 그 질문들을 할 테니 순간적으로 답변해 주십시오. 그 영계에 인간들만 있는지 아니면 동물이라든지 다른 생물체의 영혼들이 인간들과 함께 머물고 있는지 직감적으로 느껴 보십시오.

**왕**　없는 것 같아요.

**엄**　인간들의 영혼만 있는 거네요. 좋아요. 그럼 다른 질문을 하지요. 보통 책에서 보면 영계에 가면 이승에서 어떻게 살았는지에 대해 비디오를 돌려보는 식으로 해서 거기서 교훈을 얻기도 하고 마음을 아파하기도 한다고 하거든요. 혹시 자신도 비단장수의 삶을 살다가 영계를 올라가서 그런 과정을 겪었나요? 자신의 생애에 대해서 평가를 받거나 되돌려 보는 거 같은 것 말입니다.

**왕**　영계에 가 보니까요 살아 있을 때의 기억이 다 소멸돼요.

**엄**　그래요? 그럼 당신이 죽어서 하늘나라로 가는 짧은 순간에 당신의 지난 삶에 대해서 평가를 해 보거나 스스로가 교훈을 얻는 시간이 있었나요?

**왕**　이걸 정리한다고 해야 하는지 모르지만 이 인생이 별 것 아니라는 것을 느끼게 되었어요.

**엄**　그러니까 정리해 보면 인간들의 삶은 도토리 키 재기라고나 할까요? 별 게 아니었다, 그런 말이지요? 네, 좋아요. 편안하게 영계에서의 자신의 모습을 다시 생각해 봅니다. 혹시 영계에도 지금 서울특별시, 대구광역시가 있는 것처럼 마을의 구분이 있을까요? 영계의 단위로 등급이나 구분이 있는지 다시 한 번 느껴 봅니다.

왕   특별히 없는 것 같고요. 제가 있는 곳은 별로 없네요.

엄   혹시 영계도 영혼들이 모여 있는 숫자에 따라서 등급의 높낮이
    가 있을까요?

왕   높낮이는 아닌 것 같고요.

엄   등급은 없는 건가요?

왕   수평해요.

엄   영계는 등급이 없는 것이네요. 규모가 차이가 날지 몰라도 영
    들은 질적인 면에서 수평적인 관계에 있다는 것이네요. 그럼
    편안하게 저를 다시 한 번 따라오십시오. 지금도 당신이 영계
    에 있을 때에는 당신의 형체가 느껴지지 않는 편안한 형태로 있
    나요?

왕   지금 머리가 조금 보여요. 저 지금 할 말이 많아요.

엄   네?

왕   지금 혹시 중단해서 눈을 뜰 수 있을까요?

엄   아, 그래요? 그럼 편안하게 셋을 세면 눈을 뜹니다. 머리가 맑아
    질 거예요. 하나, 두울, 셋!


왕은 일단 최면에서 깨어났다. 우리는 그가 왜 최면에서 깨어나려고 했는지 이야기를 들
어 보았다. 왕은 조금 전에 연도나 역사, 혹은 비단의 중국어 명칭 같은 것에 대해 질문을
받으면 최면 상태에서 벗어나 평상시의 의식이 살아난다고 애로를 토로했다. 이와 같이
자기 상태를 빨리 말하고 자신의 의견을 적극적으로 표명하는 것은 왕이 아주 좋은 피최

면자라는 사실을 보여준다.

최면 받을 때에는 수동적으로 따라만 가는 것이 아니라 이렇게 자신의 상태를 그대로 묘사하는 것이 필요하다. 그래야 더 좋은 최면을 받을 수 있기 때문이다. 그래서 우리는 방금 전에 본 것처럼 왕을 최면에서 깨어나게 유도했던 것이다. 그런 상태로 계속 진행하는 것보다는 재정비하고 새로운 마음으로 가는 것이 필요하다고 생각했기 때문이다. 최면에서 깬 다음 왕은 간단한 대화와 함께 차를 마시고 다시 최면으로 들어갔다.

이번에는 왕을 한국과 관련된 전생으로 가게끔 유도했다. 방향을 이렇게 잡은 것은 왕이 중국인으로서 한국에 유학을 왔을 뿐만 아니라 한국인과 결혼해 살고 있기 때문이다. 이런 사실로 볼 때 우리는 왕이 전생에 어떤 식으로든 한국과 관련되어 있을 것이라고 추정했다.

**엄** 편안하게 다시 눈을 감아 주십시오. 네, 좋습니다. 이제는 부담 없이 마음을 내려놓으시고 숨을 깊이 들이마시고 천천히 내쉽니다. (이 뒤는 최면 유도로 생략함) 당신은 중국에서 출생하였지만 한국에서 공부하는 인연이 됐습니다. 그래서 전생을 보면 먼 과거에 한국에서 살았던 과거가 있을 거예요. 이제 한국에서 살았던 전생의 흔적을 타고 타임머신을 타고 가듯이 먼 전생으로 갑니다. (숫자를 거꾸로 세면서 유도) 자, 어떤 느낌이 떠오르시죠?

**왕** 지금 의식이 너무 깨어 있어서 그쪽으로 가지 못했어요.

이것은 유도가 아직 충분하지 않아 생긴 현상이다. 최면을 한 번 깼다가 다시 하는 것이라 쉽게 최면 상태에 들어갈 것이라 생각했는데 그렇게 되지 않은 것이다. 이런 때에는 다시 최면 유도를 하면 된다.

**엄** 좋아요. 다시 한 번 내 머리 안으로 밝고 부드러운 빛이 흘러들어간다고 상상합니다. 머리가 점점 맑아지고 편안해집니다. (계속해서 전신이 편안해진다는 유도를 해서 몸의 긴장을 풀어주었다.) 자, 이제 왕 선생님은 깊은 휴식에 도달하였습니다. 의식적으로 기억해 내도 좋아요. 기억이라고 생각하지 말고 느껴지는 대로 소개해 주십시오. 자신이 지금 한국학을 전공하게 된 원인이 먼 전생과 연결될 수 있거든요. 한국에서 살았다면 어떤 모습으로 살았는지 타임머신을 타고 먼 전생으로 여행을 떠납니다. (숫자를 거꾸로 세면서 유도했다.) 혹시 떠오르는 생각이나 느낌이 있으면 제게 소개해 주십시오.

**왕** 저인지 잘 모르겠지만요. 사람이 보여요. 흰색 가방이 보여요.

**엄** 그 사람이 남자인가요?

**왕** ······.

**엄** 멀리서 보고 그 사람이 맞는지 생각하지 말고 그냥 가만히 느껴 주십시오. 그 사람의 키나 서 있는 위치는?

**왕** 들판에서 흰 가방을 들고 있어요.

**엄** 아, 들판에 와 있네요. 제 목소리를 듣고 들판에 있는 그 남자를 영화의 한 장면처럼 지켜봐 주십시오. 우리가 영화의 한 장면을 보듯이 그 남자를 보는 것입니다. 이 장면이 다른 장면이랑 이어질까요?

**왕** 바닷가로 갔어요.

**엄** 바닷가로 갔어요? 좋아요. 바닷가를 한번 보십시오. 파도가 많이 치는 바다인지 잔잔한 바다인지 바다의 풍경을 저에게 소개해 주십시오. 어떤 바다죠?

**왕** 잔잔해요.

**엄** 혹시 바다의 백사장에 배들이 정박한 모습들이 있는지 바닷가에서 느껴지는 것을 저에게 소개해 주십시오.

**왕** 바다인데 강처럼 보여요.

**엄** 그렇게 큰 바다는 아닌가 보네요. 그래요. 혹시 주위에 그 사람 말고 다른 사람들도 있나요?

**왕** 지금 혼자 있어요.

**엄** 지금 그 사람은 왜 바다로 왔나요? 영화의 한 장면처럼 조금 더 지켜보아요. (숫자를 열부터 하나까지 거꾸로 세고) 아까 그 모습 그대로인가요? 지금도 배가 있나요?

**왕** 배를 타고 가요.

**엄** 그 배를 혼자서 노를 저어서 가나요, 누군가가 태워줬나요?

**왕** 태워줬어요.

**엄** 배가 좀 큰가 보네요. 크기가 어느 정도 될까요?

**왕** 몇십 명 정도가 타고 있어요.

**엄** 배를 타기 위해서 바다로 왔는데 지금 어디로 가고 있는 것 같네요. 계속 따라가 보십시오. 잠시 후 그 배가 목적지에 도착할 거 같아요. … 도착하니까 누가 있죠?

**왕** 군사들이 있어요.

**엄** 군사들? 그럼 아까 그 사람도 군인일까요?

**왕** 아니에요.

**엄** 그럼 군사의 모습을 간단히 소개해 주십시오.

**왕** 파란색?

**엄** 아, 색깔 있는 옷을 입었네요, 혹시 이들이 소지한 것 중에 칼이나 창이 있나요?

**왕** 창 같은 거…….

**엄** 창이면 옛날의 구식 무기네요. 그러면 시간이 계속 흘러가게 될 거예요. 또 어떤 변화가 일어나죠?

**왕** 방이 있는데, 어? 이상하게 잘 안 보여요.

**엄** 아까 그 흰 가방을 맨 그 사람이 방에 있나요? 혹시 그 사람이 당신이라는 느낌이 드나요?

**왕** 그런 것 같은데요. 군사들이 있어요.

**엄** 주위에 군사들이 있고, 전체적으로 긴장되는 느낌인가요?

**왕** 약간 그런 분위기인 것 같아요.

**엄** 약간 긴장된 느낌? 그러면 전쟁이 있거나 뭔가 긴장되는 분위기이네요. 시간이 점점 흘러가게 될 거예요. 열, 아홉……. 제

목소리가 자장가처럼 들릴 거예요.

**왕** 감시당하고 있는 것 같아요. 감시…….

**엄** 감시당하는 느낌? 그래요. 그럼 그 사람의 신분을 한번 느껴 봐요. 시간이 점점 흘러갈 거예요. 감시를 받는 느낌……. 그 상태가 변함없이 지속되고 있나요?

**왕** 네. 감시……. 근데 유배지인 것 같아요.

**엄** 유배? 아, 그런 것 같네요. 시간이 점점 더 흘러갈 거예요. 맞아요, 조선의 역사를 보면 유배라는 개념이 있었어요. 자, 그럼 그곳에서 어떤 행동을 하고 어떻게 살았는지 볼까요? 시간이 점점 흘러 갈 거예요.

**왕** 근데 뭐가 잘못됐는지 잘 모르겠어요.

**엄** 유배를 당하면 유배지라고 생각하는 그곳에서 어떤 활동을 하지요? 책을 읽는지? 농사를 짓는지? 자, 유배생활이 익숙해질 거예요. 그 사람도 점점 더 적응해 갈 거예요. 어떻게 살아가는지 영화의 한 장면처럼 느껴보세요. 그 사람이 어떻게 살아가고 생활하는지 느껴 보는 거예요.

**왕** 책을 볼 수 있는데요. 근데 글을 쓰면 군사들이 바로 불태워요.

**엄** 아, 그래요? 책을 보기는 하는데 의사 표현을 못하게 하네요. 감시를 받고 사는 그곳의 풍경을 느껴 보십시오. 산속인지 아니면 바다와 가까운지.

**왕** 바다와 안 멀어요.

엄  바다와 멀지 않은 곳에 와 있네요. 그곳이 저 먼 제주도일 수도 있고 남해일 수도 있어요. 글을 짓거나 의사 표현을 못하게 하는 것이 그의 삶에 어떤 변화를 주는지 보지요. 한국에서 유배를 당한 사람들 중에는 정치적으로 탄압받는 사람들이 많은데 순간적으로 어떤 이름이 갑자기 떠오르는지 생각해 보십시오.

왕  이름은 모르고요, 왠지 성이 '정'인 것 같아요.

엄  그래요? 그럼 정이라는 사람이 누군지 계속 시간이 흘러갈 거예요. 혹시 제자를 가르치는지 어떤지 느껴 보세요.

왕  그냥 가슴이 답답한 느낌이 있어요.

엄  그래요. 편안하게 이제 자신이 가슴이 답답함을 느끼면서 생을 마감하게 될 거예요. 자신이 유배 생활을 하는 과정 속에서 특별한 사건이나 경험이 없었는지 그리로 가 보세요. 그 무슨 일이 있었는지…….

왕  특별한 일이 안 떠올라요.

엄  좋아요. 그럼 천천히 그 사람의 삶이 마감할 거예요. 그저 멀리서 영화의 한 장면처럼 그 사람의 마지막 가는 모습을 내려다보세요.

왕  디게(되게) 억울한 일이 있었어요.

엄  당연히 그랬을 것 같아요. 자기가 죽어 가는 곳이 처음의 그곳이었는지 아니면 고향으로 가서 죽는지 궁금하군요.

왕  거기서 그냥…….

**엄**   거기서 생을 마감하나요?

**왕**   계속 누구 연락을 기다리는 것 같기도 하고 답답하고……

**엄**   연락을 못 받는 것 같네요. 지금은 몇 살 정도죠?

**왕**   흰 가방을 매고 있을 때는 40대인데 지금은 할아버지예요.

**엄**   임종을 맞이할 때 혹시 그 사람을 지켜주는 사람이 있는지?

**왕**   없어요.


이때 왕은 갑자기 눈물을 흘렸다.


**엄**   안타깝고 억울한 것 같군요. 그럼 이번에 죽었을 때에 영혼이
        시신 가까이에서 머물렀는지 혹은 억울함을 안겨 주었던 사람
        들에게 날아갔는지 궁금하네요. 자, 시간이 천천히 흘러갑니다
        . 그 사람의 영혼이 어디로 가는지 행방을 추적해 보아요.

**왕**   디게(되게) 멀리 가고 있어요.

**엄**   멀리 누구를 만나러 가나요? 집에 있는 가족을 만나러 가나요?
        그럼 제일 먼저 가고 싶은 곳이 어디인지 봐요.

**왕**   저를 해친 사람에게 복수하러 가는데요. 근데 그 사람도 죽었
        어요.

**엄**   아, 그래요? 영혼이지만 복수를 하고 싶었네요. 그런데 복수를
        할 대상자도 죽고 없어졌네요. 먼저 죽어 버려서 억울한가요?

**왕**   아, 억울해요!

엄  죽어서도 억울했네요. 그래서 그 억울함을 어떻게 풀죠? 가족을 찾아가나요? 원수를 갚지 못했어요. 이미 그도 죽었어요. 그래서 이 영혼은 어떻게 하죠? 가족 주위에 맴돌고 있나요?

왕  지금 돌아다니고 있어요.

엄  혹시 가족들에게는 안 가나요?

왕  가족들에게는 안 가고요. 나라 사람들이 어떻게 사는지 보러 다녀요.

엄  결국 정치인이었나 보네요. 가족보다는 나라 사람들이 어떻게 사는지 그런 쪽에 관심이 많군요. 떠돌아다니는 기간이 어느 정도 되나요? 그 사람의 모습을 찾아보고 높은 데에서 내려다보는 것처럼 해 보세요. 영혼이 그곳에서 멈춰 있지는 않을 거예요. 다른 곳으로 갈 거예요. 자, 그 영혼이 얼마나 떠돌아다녔는지 느껴 봐요. 얼마나 멈춰 있죠?

왕  아직도 거기에 있어요…….

엄  거기라면 어디를 이야기하는 거죠?

왕  돌아다니고 있어요.

엄  돌아다니면서 답답하진 않나요? 아니면 자유로운가요.

왕  어디로 갈지 모르겠어요.

엄  방황하고 있는 거네요.

왕  네.

엄  자, 이제 왕 선생님은 인간들의 세상에 있는 것이 별로 도움이 안 된다는 것을 알게 될 거예요. 언제쯤 그것을 알고 영혼의 나라로 떠나겠다는 의사 결정을 할까요?

**왕** 어디로 가는지 잘 못 느껴져요.

**엄** 혹시 아직도 거기에 있다는 것인가요?

**왕** 그런 것 같아요.

**엄** 좋아요. 제 목소리를 편안하게 들어요. 그곳에서 몇 년이 되면 결국에는 영계로 떠나갈 거예요. 인간세계에 있는 것이 불필요하다는 것을 느낄 거예요. 지구상에 있는 것이 도움이 안 될 거라는 느낌이 들 거예요. 어때요? 직감으로 느껴 보면 어때요? 그가 지구를 떠난 것 같아요?

**왕** 안 떠난 거 같아요,

**엄** 억울한 게 많은 모양인가 봐요. 그게 지금으로부터 몇백 년 전일 것 같네요. 유배라는 제도가 조선 시대 일이거든요. 다시 한 번 그의 영혼이 왕 선생님 주위에 있는지 느껴 보십시오.

**왕** 그 존재가 어디에 있는지 안 느껴지는데요. 너무 괴로워요.

**엄** 괴롭다고 하는 것을 보니 아직도 영혼의 나라로 안 간 것 같아요. 다시 한 번만 더 도대체 그 영혼이 어디서 떠도는지 모든 의식을 가슴에 집중하십시오. 제가 열부터 하나까지 수를 셀 때 마음의 눈으로 내 가슴 깊은 곳으로 여행을 떠나요. 내 가슴 저 깊은 곳으로 들어가 보십시오.

**왕** 괴로워요.

이때 왕은 매우 괴로운 듯 얼굴을 심하게 찡그렸다.


엄    혹시 내 가슴에 나 아닌 또 다른 느낌이나 생각이 있는지…….

왕    저 지금 너무 괴로워요.

엄    혹시 내가 의식하지 못하는 에너지, 의식체가 있는지 느껴 봐요
      . 마음의 눈으로 내 몸 안으로 들어가 보십시오. 내 몸 안에 에
      너지라든지 의식체가 있는지 느껴 보십시오. (조용) 어때요? 가
      슴이 답답하죠? 혹시 그게 어떤 느낌인지, 생각이 있는지, 존재
      가 있는지 느껴 보십시오. 또 다른 의식이 있는지 뭐가 느껴지
      는지 편안하게 느껴 보세요.

왕    아! 너무 괴로워요.


이때 왕의 표정이 아주 많이 일그러졌다.


엄    괴로워요? 그럼 그것이 무엇인지, 내 마음속에 답답하게 느껴
      지는 실체가 아까 유배를 갔다가 죽었던 그 사람의 에너지가 정
      신 감응이 되어서 괴로운지 아니면 다른 무엇이 있어서 그런지
      편안하게 자신에게 집중합니다.

왕    저 지금 제 발이요…….

엄    네? 발이요?

왕    그 옛날에 나무로 채우는 것 있자나요. 지금 제 발이 그런 것으

로 채워져 있는 것 같아요.

엄　아, 그래요, 발에 족쇄를 채운 느낌. 그럼 다시 편안하게 다 내려놓고 보세요. 굉장히 괴로운 것 같네요. 족쇄가 채워졌다면 혹시 감옥에 있는 것일 수도 있네요. 지금은 어떤 모습이 떠오르죠? 뭔가 분노, 답답함, 그런 것을 느낄 수 있겠네요.

왕　숨을, 숨을 잘 못, 숨을 잘 못 쉬겠어요.

엄　아, 숨을 쉬기가 힘들어요? 지금의 그 모습이 영혼의 모습일까요, 아니면 감옥에 있는 다른 모습일까요?

왕　잘 모르겠어요.

엄　아까 떠올랐던 영혼이 지구를 떠나지 않고 떠돌아다니나요?

왕　어디에 있는지 잘 모르겠는데요, 너무 괴로운 것 같아요.

엄　그러면 그렇게 억울하게 죽은 영혼들은 영혼의 나라로 가지 않고 계속 지구에서 인간들의 틈 안에서 원한이나 답답함을 가지고 다니나요?

왕　지금 다니는 것은 아닌 거 같아요.

엄　그렇다면 붙박이로 있는지 아니면 다른 몸을 빌려서 있는지, 생각하지 말고 그의 영혼을 추적해 봐요.

왕　되게 어두운 데 있어요.

엄　어두운 데요? 거기도 영계라고 할 수 있나요?

왕　안 보여요.

엄　혹시 춥지는 않나요?

**왕**  춥진 않은데요, 괴로워요.

**엄**  혹시 어두운 데 갇힌 이유가 죽을 때 편안하게 죽지 못하고 미움을 가지고 있어서 어두운 곳에 갇힌 것 아닐까요?

**왕**  그런 것 같아요.


왕은 또 매우 일그러진 표정을 지었다.


**엄**  풀려날 수 있는 가능성이 있나요?

**왕**  그런 건 잘 모르겠지만 지금은 거기에 있어요.

**엄**  거기 있는 영혼에게 물어볼게요. 어두운 곳에 있는 당신은 많이 괴롭죠?

**왕**  괴로워요.

**엄**  혹시 당신이 어두운 곳에 갇힌 이유가 죽을 때 누군가 원수를 갚아야 한다는 생각 때문인가요?

**왕**  누가 지키는 사람이 있어요.

**엄**  그럼 여럿이 같이 갇혀 있나요 아니면 독방인가요?

**왕**  혼자 있어요.

**엄**  언제쯤 풀려날 수 있나요?

**왕**  마음을 놓으면 갈 수 있어요.

**엄**  아, 당신의 그 악한 마음이나 미움이 다 녹으면 갈 수 있는 거네요. 그렇다면 어느 정도 세월이 흐른 다음에 그 미움이나 억울한 감정을 벗어나 영적으로 진화되는지 혹은 다시 태어날 가능성이 있는지요?

왕 ·······.

엄 아직도 당신은 헤어나지 못하고 거기에 있나요?

왕 네.

엄 미움의 감정이나 검은 기운들이 언제쯤 다 녹아내릴까요?

왕 구체적인 시간은 잘 모르겠지만 오래 있었어요.

엄 그럼 당신이 그 어두운 곳에 있는 이유가 누군가 미워해서 그런 건데 후회되지 않나요?

왕 후회돼요.

엄 후회 많이 되죠? 그렇다면 지구상에서 임종을 할 때 미움의 마음을 갖는 사람에게 조언을 해 준다면 어떤 조언을 하고 싶어요?

왕 그냥 죽는 순간 다 잊어버리고 가볍게 위로 갈 수 있었는데, 괜히 거기에 간 것 같아요, 그 사람도 죽었는데······. 흐윽······.

이때 왕의 눈에서 눈물이 주르륵 흘렀다.

엄 그래요. 그 사람도 죽고 복수할 필요가 없었는데 그랬죠? 혹시 그러면 억울하게 생각되는 그 사람도 거기에 갇혀 있을까요?

왕 여기에 다른 사람은 안 보여요.

엄   그래요. 어두운 곳이니까 누가 있는지 알 수 없나 보죠. 그러나 직
     감으로 어때요? 당신을 해친 사람이 혹시 거기에 있다는 게 느껴
     지나요?

왕   아니요. 그런 것에 관심이 없어요.

엄   그래요. 그런 데에는 관심이 없군요. 오늘은 편안하게 의식을
     정리해 보십시오. 내 몸 안에 맑고 좋은 기운들이 들어옵니다.
     이제 숫자를 셋부터 하나까지 거꾸로 셀 텐데 그러면 최면이 깹
     니다. 자아 셋, 둘, 하나.

이때 왕이 너무도 큰 고통을 호소해 더 이상 최면을 진행시킬 수가 없었다. 최면을 할 때
이런 경우가 왕왕 생긴다. 이럴 때에는 피최면자를 보호하는 차원에서 바로 최면을 중지
하는 것이 좋다. 왕을 보호하는 차원에서 왕의 마음을 편안하게 유도한 다음, 최면을 깨
웠다. 더 많은 정보를 얻지 못해 아쉬웠으나 이렇게 도중에 최면을 끝내다 보니까 이번
최면은 다른 세션보다 일찍 끝나게 되었다.

## 해설

이번 세션은 설명이 긴요하다. 왜냐하면 왕은 최면이 끝난 뒤 매우 중요한 이야기를 했기 때문이다. 최면 중에는 최면사가 물어보기 전에는 피최면자가 자신이 본 것을 굳이 말로 표현하지 않는다. 그래서 최면 유도의 기술이 중요하다. 이번 세션에서 최면을 종료했을 때 왕은 금세 깨어나지 못했다. 그리고 첫 번째로 내뱉은 말이 "잘못했어요."라는 것이었고 왕은 이 말을 계속 반복해서 되뇌었다. 그러곤 토할 것 같다면서 계속해서 고통을 호소했다. 우리는 그런 반응을 보이는 왕을 지켜보면서 그의 고통을 덜어주려고 그를 안심시키는 말을 해 주었다.

어느 정도의 시간이 지난 다음 기운을 차린 왕은 영계라고 믿어지는 곳에서 겪은 체험을 이야기했다. 그는 복수를 다짐하고 원수를 찾아갔는데 최면에서 밝힌 것처럼 그 원수를 찾지 못했다. 원수가 죽었기 때문이다. 아마도 그는 그 복수의 마음을 지상에서 한평생을 살면서 계속해서 가졌던 것 같다. 죽자마자 그 원수부터 찾아간 게 그런 사정을 설명해 줄 것 같지 않은가?

중요한 것은 그다음부터이다. 왕은 최면에서 깨어나 당시의 상황을 이렇게 묘사했다. 자신은 어디엔가 갇혀 있는 것 같았는데 자기 앞에는 큰 눈이 있어 감시하고 있었다고 한다. 이때 최면사는 왕의 원수가 어디 있는가 하고 물었는데 왕은 "그런 데에는 신경 쓸 수 없었다. 왜냐하면 그 큰 눈은 내가 무엇을 생각하든 다 알고 있었기 때문에 어떤 나쁜 생각도 할 수 없었다."고 술회했다. 그런데 그때 자신의 자세는 손과 발이 같이 묶여 있어 대단히 고통 받는 모습이었단다. 그 자세가 어찌나 힘들었는지 왕은 최면 중 계속 토할 것 같다고 고통을 호소했고 최면에서 깨어나서도 구토 증세를 보였다. 그리고 최면 후 자신이 영계(?)에서 취했던 자세를 재현하려고 했는데 육신으로서는 도저히 흉내 낼 수 없는 그런 자세였다고 한다. 이것은 그만큼 그 자세가 힘들었다는 것을 말해 준다.

우리는 왕의 이 이야기를 어떻게 해석할 수 있을까? 여러 가지 해석이 가능하겠지만 여기서는 그가 실제로 영계에 있었다고 가정하고 설명해 보자. 영계의 법칙 중 가장 두드러지는 특징은 그곳에서는 모든 일이 본인이 주관적으로 만들어 낸 결과물이라는 점이다. 단도직입적으로 말해 천국도 자신이 만들고 지옥도 자신이 만든다는 것이다. 이 점은 『죽음의 미래』와 『사후생이야기』에서 상세하게 설명했다. 본인이 선한 마음을 갖고 있으면 주변은 광채가 나는 아름다운 곳으로 나타날 것이고 반대로 악한 마음을 갖고 있다면 무시무시한 기운이 감도는 환경으로 나타날 것이다. 당사자는 그것이 자신이 만들어 낸 것이라는 사실을 알지 못하고 그 환경에 휘둘리게 된다. 이것은 흡사 자식을 자기가 낳아 놓고 그 자식들 때문에 울고 웃는 것과 비슷하다고 할 수 있다.

　이런 관점에서 보면 왕이 본 큰 눈의 존재도 사실은 왕이 스스로 만들어 낸 것이라고 보아야 한다. 왕은 하나의 에너지체로서 육신은 없이 눈만 존재하는 어떤 실체(entity)를 만들어 낸 것이다. 이 눈은 아마도 왕수련 자신의 양심(혹은 초자아)이 만들었을 것이다. 일생을 남에 대해 복수하겠다는 생각을 갖고 살았기 때문에 스스로를 벌하기 위해 자신이 만들어 낸 영상인 것으로 생각된다. 왕에 따르면 이 큰 눈은 자신이 무엇을 생각하든 다 알고 있었다고 한다. 이것은 그럴 수밖에 없는 것이 이 눈이 자신의 마음, 더 구체적으로 말하면 상위의 마음이기 때문이다.

　그런데 왕은 술회하기를 이 큰 눈이 자신을 감시하거나 꾸짖기 위해 있는 것 같지는 않다고 했다. 아니, 오히려 그 눈은 상당히 자비스러웠다고 회상했다. 그리고 이 큰 눈이 요구하는 것은 어려운 일이 아니라 단지 그 복수하겠다는 마음을 버리는 일이었다고 한다. 그리고 그 감방 같은 공간에서 탈출하는 것도 어려운 일이 아니라 단지 그 부정적인 마음만 버리면 된다는 것이었다. 그러니까 다른 영혼이 왕을 가둔 게 아니라 스스로 그런 환경을 만들어 낸 것이다.

　그리고 육신으로는 흉내 내기도 힘든 그 자세 역시 누가 억지로 시킨 것이 아니라 자신을 징벌하기 위해 스스로 취한 자세로 보아야 한다. 그런 고통스러운 자세를 취함으로써 일생 동안 복수의 마음을 품고 산 것이 얼마나 잘못된 일인가를 스스로 알게 하는 것이다.

그러한 고통을 겪은 다음에야 다시는 복수와 같이 다른 사람을 미워하는 부정적인 마음을 갖지 않게 될 것이다.

이런 전체 과정을 보면 과연 이런 게 트릭일까 하는 생각이 든다. 만일 이런 모든 것이 왕이 꾸며낸 것이라면 스스로 그런 고통을 재연할 필요가 없을 것이다. 자신으로 하여금 그런 고통을 겪게 해서 도대체 그가 얻을 것이 무엇이 있겠는가? 따라서 왕의 이야기는 사실일 가능성이 크다. 그렇다면 그는 분명 영계에 갔고 그곳에서 이런 체험을 진실로 겪었을까? 우리는 그 진실 여부를 알 수 없지만 왕의 이야기가 우리가 현재까지 알고 있는 영계에 대한 설명과 일치하는 것을 알 수 있다.

왕의 이런 태도는 피오레가 말한 것과도 일치하는 면이 있다. 에디스 피오레(Edith Piore)는 자신의 책 『You Have Been Here Before』(Ballantine Books, 1979)에서 자기가 최면을 해서 전생 체험을 시켰던 사람들의 반응이 너무나도 생생해 만일 그들이 연기를 하는 것이라면 모두 아카데미상을 주어야 한다고 주장했다. 울고 몸을 비틀고 아파하는 등의 격렬한 반응이 결코 연기일 수 없다는 게 피오레의 전언이다. 왕의 경우도 그랬다. 유배지에서 죽는 자신을 보라고 했더니 바로 눈물을 뚝뚝 흘렸고, 영계에서 어디에 있냐고 했더니 스스로가 만든 감옥에서 매우 고통스러운 자세를 한 것이 다 그렇다.

또 하나 이번 최면에서 재미있던 것은 왕이 직전 전생에서 태어난 정확한 시점을 알아내려고 했다가 실패로 돌아간 것이다. 우리는 왕이 실제로 중국에서 재단사로 살았다는 것을 증거로 찾기 위해 그때의 연도가 어떻게 되고 어떤 역사적 사건이 일어났는지 물어보았다. 그리고 당시에 비단과 옷감들을 중국어로 무엇이라고 하는지에 대해서도 물어보았다. 그러나 위의 최면에서 나온 것처럼 이런 시도는 모두 실패로 끝났다. 왕이 최면 시 우뇌적인 능력을 쓰다가 최면사의 이런 질문에 좌뇌적인 능력을 쓰게끔 요구받자 최면을 중지할 것을 청했기 때문이다. 우리가 다소 의심하는 마음을 갖고 질문하자 그 의도를 간파하고 답변하기를 거부한 것이다. 따라서 이런 경험을 통해 우리는 최면 시 최면사의 의도적인 유도가 통하지 않는다는 것도 알게 되었다.

# 우리는
# 카르마에 따라 환생한다

피최면자 최성민 (남, 46세) | 일시: 2011.3.2

그다음에는 한 영혼의 향배를 결정할 때 그런 것을 상의하는 원로회의가 과연 있느냐는 질문에 긍정적인 답변이 나왔다. 그리고 이 회의에서는 절대로 강제하는 것이 없다고 말했는데 이것 역시 영계의 법칙으로 알려져 있다. 어떤 영혼이든 그의 자유의지를 최대한 존중해 준다고 하는데, 그렇다고 그가 무엇이든 마음대로 할 수 있는 것은 아니다. 엄연한 카르마의 법칙이 있기 때문이다.

피최면자 최성민은 40대 중반의 남성으로 출판업에 종사하고 있다. 최는 영적인 분야에 관심이 많아 이 분야에 관해 많은 책을 보았고 이 주제와 연관해서 저술이나 번역을 한 경험도 있다. 그러는 과정에서 나름의 종교 체험을 했다고 주장하기도 했다. 그런 때문으로 생각되는데 최의 최면 내용에는 상당히 영적인, 혹은 뉴에이지적인 내용이 많이 나온다. 최의 이러한 경험 때문에 다른 사람들보다 많은 횟수인 네 차례 최면을 시행했는데 여기서는 세 번의 세션만 싣기로 한다.

(최의 경우는 최면 유도가 그다지 필요하지 않았다. 앞서 말한 것처럼 최는 이 방면에 많은 관심을 갖고 있어 최면사의 짧은 유도로도 곧 최면 상태에 들어갈 수 있었다.)

**엄영문**(이하 엄)　　자, 편안하게 하시고 최 선생님이 가장 마음에 드는 꽃을 떠올려 보십시오. 무슨 꽃이 떠오르나요? 생각하지 말고 바로 떠오르는 것을 말씀해 주십시오.

**최성민**(이하 최)　　흰색 국화가 떠오릅니다.

**엄**　지금 어디에 계신가요?

**최**　정원이요.

**엄**   그 정원은 얼마나 큰가요?

**최**   30평 정도.

**엄**   그럼 그 정원에서 꽃 냄새를 맡으면서 그 향기에 취해서 전생으로 가 보십시오. 특히 최 선생님 영혼이 가장 맑았던 전생으로 가 보세요.

**최**   ……이미지는 안 보이지만 중동에 있는 느낌입니다.

**엄**   지금 최 선생님 뇌리에 스치는 것 무엇이든 좋아요. 전생이라고 생각되는 생에서 떠오르는 사건은 어떤 것이 있나요?

**최**   죽었을 때의 모습입니다.

**엄**   좋아요. 지금 그 모습을 영화의 한 장면처럼 바라보아요. 조금 더 깊이 들어가 보십시오. 어떤 모습으로 그 생을 마감하는지 그 생을 한번 보십시오.

**최**   목이 잘렸습니다.

이때 최는 눈물을 직접적으로 흘리지는 않았지만 감정의 격변이 있는 듯 눈시울이 빨갛게 변했다.

**엄**   무슨 일로 목이 잘렸는지. 목이 잘렸으면 억울하지는 않은 건지 앞 장면으로 가 보세요.

**최**   제가 기독교를 전도하려다가…….

**엄**   기독교를 전도하는 것은 잘못된 일은 아닐 텐데 왜 그리 됐나요

?

**최**  이슬람 국가에서 전도하다가 그렇게…….

**엄**  이슬람 국가에서 기독교를 전도했다면 충분히 그런 벌을 받았을 거예요. 그럼 목을 자른 건 어떤 도구인지 영화처럼 바라보십시오.

**최**  도끼.

**엄**  당신 주위에 많은 사람들이 모여 있나요?

**최**  아니요.

**엄**  당신의 몸을 가만히 내려다보십시오. 영혼이 분리될 거예요. 어떤 모습으로 분리되는지 영화의 한 장면처럼 바라봅니다. 편안하게…….

**최**  그냥 똑같은데요.

**엄**  당신이 죽었을 때 모습이 똑같이 나오나요? 그래요. 그럼 당신신의 모습을 어디서 바라보나요?

**최**  높은 데서…….

**엄**  자신의 모습을 바라보는 기분이 어떤가요?

**최**  저는 너무 고생을 많이 했기 때문에, 또 사후 세계를 알고 있었기 때문에 죽는 것이 기분 나쁘지 않습니다.

**엄**  수행의 과정으로 사후 세계가 있다고 알고 있었기 때문에 편안했던 거네요.

**최**  네.

엄  목이 잘린 당신의 시신은 어떻게 되죠?

최  시신을 거두어 주는 것 같은데 저는 관심이 없어요.

엄  죽은 뒤 당신은 자신의 시신 주위에 머무나요? 아니면 다른 곳으로 이동하나요?

최  저는 전혀 관심이 없어요.

엄  영혼이 되면 아무 관심이 없네요.

최  네. 처자식도 관심이 없습니다. 지금 엄청난 기대감을 가지고 있습니다.

엄  어떤 기대감이죠? 하느님이든지 수호천사든지 당신의 영혼을 맞이하러 왔을 것 같은 기대감인가요? 그런 기대감을 가지고 두리번거리는데 과연 누군가 마중 나왔을까요?

최  네. 누가 나왔습니다.

엄  네. 반갑겠네요. 그 사람의 모습은?

최  저랑 친했던 사람인 것 같네요.

엄  그 사람의 모습은 보이지 않나요?

최  아, 보입니다.

엄  어떤 사람?

최  수염이 있는 중동 사람입니다.

엄  그 사람은 이슬람교도는 아닌가 보죠?

최  어? 이 사람은, 유대교도인 것 같네요.

엄  현생에서 살았을 때 알았던 사람인가요?

최  어릴 때 알았던 사람인 것 같아요.

엄  그럼 어릴 때 죽은 사람인가요.

최  그 사람은 40대에 죽은 것 같네요.

엄  자신이 참수 당했을 때 나이는?

최  60대 초반.

엄  당신을 알아보나요? 말을 거나요?

최  동시에 알아봅니다. 그런데 그가 저를 어디로 데려가려 합니다.

엄  두 사람의 여행이 어떻게 이루어지는지 영화의 한 장면처럼 바라봅니다.

최  그 사람이 어디론가 가기 전에 저한테 이야기하네요.

엄  어떤 것인가요?

최  충격 받지 말라고…….

엄  당신이 참수당한 이야기일까요? 영혼의 나라에서 새로운 곳으로 가는 것에 관한 이야기인가요?

최  제가 기독교를 전파했을 때 했던 이야기와 실제의 천국의 세계는 많이 다르다는 얘기인데요.

엄  당신이 알고 있었던 영혼의 나라는 어떤 식이었죠?

최  기독교에서 이야기하는 것과 같습니다.

엄  그럼 안내자는 실제의 영계가 기독교가 가르쳤던 것과 다른 곳이니 충격 받지 말라는 것이네요.

**최** 그래서 충격 받는 것보다는 제가 기독교를 선교하면서 했던 이야기가 엉터리였다는 것이지요.

**엄** 당신이 이야기했던 교리인가요?

**최** 네. 제가 평생 동안 목숨 걸고 박해를 받으면서 전했던 교리가 사실은 진실이 아니었다는 것이죠.

**엄** 목숨을 걸고 교리를 전파했던 것이 사실이 아닐 수도 있으니까 충격 받지 말라고 하는 거네요. 자, 알았어요. 아까 말한 대로 당신은 어떠한 곳으로 떠날 거예요. 그리고 당신은 어딘가 도착할 거예요. 그를 따라서……

**최** 어? 안개가 자욱한 정원 같은 게 보이는데요.

**엄** 네?

**최** 어떤 흰색 울타리가 보이는데요. 근데 그렇게 밝지 않습니다. 그 사실을 알고 마음이 굉장히 무겁습니다.

**엄** 영혼의 나라가 밝고 화려한 느낌으로 알고 있는데 기대했던 것과는 달리 마음이 무겁다는 것인가요?

**최** 마음이 무겁고 실제로 제 인생 자체가 어두웠다고 할 수 있죠.

**엄** 선교자의 삶을 대변했던 것인가요?

**최** 육체적이고 정신적인 상처가 많았습니다. 그 당시 높은 차원으로 가지 못했고 안개가 자욱하게 낀 게 완전히 어두운 차원도 아니지만 그렇다고 밝은 차원이 아닌 뭐랄까……

**엄** 박해를 받으면서 순교자 같은 마음이 아니라 미움의 마음을 가진 것일까요?

최 그러니깐 인생을 밝게 살지는 않았던 것 같아요. 현세를 부정하는 마음도 있었고 현세의 모든 즐거움을 포기하면 좋은 곳으로 갈 것이라는 믿음이 있었죠.

엄 보상 받겠다는 바람으로 살았다는 건가요?

최 바람직하지 못한 삶을 살았다는 것이죠. 지금 음습한 느낌이 드네요.

엄 박해를 받으면 더 좋은 곳으로 갈 것이라는 보상 심리 같은 것을 가지고 있었던 것이네요. 그래서 마음이 조금 무거운 모양이죠. 그런데 혹시 지금 또 다른 안내를 해 주는 사람이 있나요?

최 저는 여기서 굉장히 오랫동안 치료를 받는데 육체적으로나 영적으로 너무 만신창이가 됐기 때문에 오랫동안 치료를 받습니다.

엄 그럼 이승에서 받았던 육체적인 고통이나 정신의 고통을 치료해주는 주체가 있는지, 아니면 스스로가 치료하는지, 어떤가요?

최 스스로 치료를 할 수는 없고요. 밝은 빛이…….

엄 그 밝은 빛이 형체가 있을까요?

최 어? 아닙니다. 그냥 밝은 빛입니다.

엄 당신은 처음에 참수되었던 시신에서 나왔던 모습 그대로인가요? 아니면 형태가 바뀌었나요?

최  형태는 그대로입니다.

엄  안내했던 수호령들은 가 버렸나요?

최  수호령들은 많아요. 저를 기다리는 사람들이 많습니다.

엄  그렇다면 그들도 인간의 모습인가요?

최  이 사람들은 형체가 없습니다.

엄  미리 간 사람들은 형체를 안 가지고 있었나요?

최  아, 치료가 되어서 아주 높은 곳으로 갔어요.

엄  더 높은 곳으로 갈 때 스스로 찾아가나요? 안내를 해 주나요?

최  그냥 차원이 변하는 것 같습니다. 공간적인 이동이라기보다는
    공간은 변함이 없고 차원이 변한다는…….

최  같은 공간이라도 차원이 달라진 것이네요. 처음에는 인간의 모
    습을 가지고 있었고 빛도 칙칙했는데 밝은 빛이 투영되는 과정
    에서 당신이 치유가 된 것이네요. 그곳의 규모를 따지자면 어
    느 정도인가요?

최  한 150명 있는 정도?

엄  다닥다닥 붙어 있나요? 떨어져 있나요?

최  그런 개념이 아닙니다. 사람들이 살아가는 개념이 아니라 거기
    서 한 단계 벗어나서 있습니다. 이 사람들은 영혼에서 한 단계
    더 나아간 것이죠.

엄  공간으로 규모를 규정하기가 어려운 상태네요.

최  인간의 형태로도 변할 수 있는데 보통 그런 형태를 하고 있지

않습니다. 그런데 구분이 됩니다.

**엄** 어떤 구분이 되죠?

**최** 그게 차이가 나는 게 아니라 느낌이 조금씩 다른데, 사실상 하나로 연결되었다고 할 수 있네요. 위로 갈수록 자의식이 사라집니다. 자의식이 조금씩 사라지면서 큰 기운으로 비슷해지는 거죠. 그러면서 구분이 없어지는 거죠. 물질적인 차원의 구분은 없어지고 일체가 되는 겁니다.

**엄** 당신은 어디쯤 올라가 있나요?

**최** 어……, 저는 원래 아주 고대 문명 때부터 어떤 존재들과 같이 있었던 것 같은데요. 저는 조금 순탄하지 못했던 것 같아요. 이 무리에 끼어는 있지만 사실 여러 가지로 결함이 많아서……. 아, 지상으로 환생을 해서 뭔가 할 일이 있다는 것 같네요.

**엄** 네? 그럼 내려오실 때 자세히 보십시오. 혹시 다음 생을 계획하는 회의를 하는지 지켜보십시오. 자신의 삶을 어떻게 계획하는지 지켜보십시오. 회의의 모습을 느껴지는 대로 쫓아가 보십시오.

**최** 저는 대부분을 중동에서 태어났는데요. 이제부터는 동양에서 많이 살 거라고 하네요.

**엄** 이렇게 삶에 대한 것이 계획될 때 자신의 의지가 반영되나요? 아니면 자신보다 높은 차원이 일방적으로 결정하나요?

**최** 어느 한쪽이라기보다는 저는 웃어른들의 의견을 존중하고 제

의견은 반영하지 않습니다. 저는 뭐든지 따라가겠다고…….

**엄**　거기에 대한 불만은 없겠네요.

**최**　불만 없습니다.

**엄**　바로 다시 인간의 모습으로 환생하는 것은 누가 결정하는 건가요? 그것도 회의처럼 지정해 주는 것인가요?

**최**　영계에는 법칙이 없습니다. 영계는 개개인의 의견을 존중해 주는 공간입니다. 환생하기 싫다고 하면 바로 안 하게 하지만 나중에는 환생하게 해 줍니다. 그러나 우리가 그런 법칙을 계속 찾아내려고 하면 혼란과 미궁에 빠지게 됩니다. 카르마의 법칙은 살인을 한 사람은 살인을 당하는 것으로 알려져 있지만 그렇게 기계적인 법칙이 아닙니다. 그 경험을 안 하고 싶으면 그것을 하지 말라고도 이야기합니다. 카르마를 풀려고 할 때 기계적인 법칙을 적용하면 헷갈리게 된다는 것입니다. 저는 그때 잘못한 카르마를 해소할 수 있는 가장 적절한 공간이 동양이기 때문에 동양에서 태어나기로 한 것입니다.

**엄**　본인의 의사로 결정한 것이네요. 그런데 이 회의는 지구로 말하면 원로들의 회의 같은 건데 당신의 카르마를 해결하려고 간접적으로 결정해 준 것이네요.

**최**　최종적인 결정은 제가 내리는데요. 워낙 이 사람들은 합리적인 이야기와 지혜로운 이야기를 해주기 때문에 그들의 의사를 따릅니다.

엄  그들의 의사 결정이 맞는 거네요.

최  이것도 상황마다 다릅니다. 영혼의 수준이 낮은 사람은 고집이 있기 때문에……. 그러나 윗 단계로 올라갈수록 의견이 갈리는 것이 적어집니다.

엄  혹시 내려올 때도 자신을 안내해 주는 누군가가 있는지 보십시오.

최  내려오는 것을 안내해 줄 필요는 없고 단지 자신의 수호령이 같이 있습니다.

엄  수호령이 옆에 있어 주는 것이네요.

최  네.


## 동양에서의 환생

엄  동양의 여러 나라에서 어느 나라를 선택하는지 가만히 지켜보십시오. 순간적으로 느껴 보십시오. 어떤 몸을 빌리는지…….

최  중국 같은데요.

엄  중국 누구의 몸을 빌리나요? 성장된 모습이 느껴집니까?

최  어린아이.

엄  한번 느껴 보십시오.

최  남자아이.

엄　특별한 사건이나 경험이 있었다면, 전생에서 카르마를 해결하고자 하는 교훈을 얻게 되는지 아이의 삶으로 한번 가 보십시오.

최　아, 이 인생에서 불교와 연관이 되는데요.

엄　불교와…….

최　예. 불교를 중국어로 전하는 과정에서 뭔가 어떤 역할을 하는 것 같습니다.

엄　처음에는 기독교를 전파한다고 하다가 박해 받고 죽었는데 이번에는 박해와 같은 그런 어려움이 없나요?

최　그런 거는 없고요. 전과는 다른 어려움이 있습니다. 그러니까 외적인 환경이 너무 안 좋네요. 중동에 있을 때는 도로 같은 것들이 굉장히 잘 되어 있었는데 여기는 그런 게 전혀 안 되어 있습니다. 육체적으로 많이 힘듭니다.

엄　아, 아주 오지인가 보네요.

최　문화도 안 맞고 모든 게 낯설게 느껴집니다.

엄　그 생에서 자신의 역할은 불교 안에서 어디에 두나요? 참선이나 수행 중 어느 쪽?

최　경전 번역입니다.

엄　범어를? 당신은 범어를 어떻게 익혔을까요?

최　저는 그것을 옮기는 사람은 아니고 수발하는 사람입니다.

엄　역경을 돕는 사람이네요. 그럼 지혜가 높은 사람인가요?

**최** 지혜가 높을 수가 없는 게 이 사람들은 불교라는 것을 모릅니다. 승려들은 그냥 이상한 사람들로 인식되는 것 같습니다.

**엄** 굉장히 열악한 상태네요. 자, 그 삶도 천천히 마감되어 갈 거에요. 역경 일을 돕고 사회로부터 인정받지 못하고 냉대 받는 삶을 살았는데 그 삶에서 특별한 사건이 있었는지…….

**최** 강도를 만났습니다.

**엄** 강도를?

**최** 마차를 타고 가다가 털린 것 같은데요.

**엄** 산적인가 보네요. 목숨은 건지나요?

**최** 아, 거기서 많이 부상을 입고 그 때문에 오랫동안 병들어 있다가 죽는 것 같습니다.

**엄** 그게 그 생을 마감하는 빌미가 된 거네요. 혹시 마차가 털렸을 때 여러 사람이 함께 있었나요 아니면 혼자 있었나요?

**최** 사람들이 여럿 있습니다.

**엄** 영화의 한 장면처럼 죽음을 맞이하는 순간으로 가십시오.

**최** 네.

**엄** 죽음을 맞이할 때 편안한가요?

**최** 피를 토하면서 괴로워합니다. 병이 아주 심해진 모양입니다.

**엄** 나이를 짐작해 보면?

**최** 40대 후반, 50대 초반……?

**엄** 자신은 전생에서 핍박을 받았던 삶에서 카르마를 해소하기 위

해서 이번 생에 왔는데 이승에 온 목적이 해결되었나요? 자신
의 삶을 되돌아보십시오.

**최** 제가 그 생에 있었던 카르마를 해소하는 생애는 바로 다음 생(
중국에서 승려로 보낸 생)이 아니라 지금 이 생애(한국에서의 생애)입니
다. 카르마는 바로 다음 생애에 풀어야 한다는 그런 법칙은 없
습니다.

**엄** 당신이 그 생을 마감할 때 억울하거나 그런 건 없었나요?

**최** 그런 거 없습니다.

**엄** 당신이 죽어가는 모습을 보십시오. 똑같은 모습으로 당신의 주
위에서 지켜보고 있는지……..

**최** 예. 불쌍한 느낌으로…….

**엄** 이번에도 안내령이 나오나요?

**최** 아, 지난번 같은 그런 사람은 안 보이는데요? 안내는 안 받고 그
냥 흰빛이 있는 곳으로 갑니다.

**엄** 시신의 주변에 머무는 기간은?

**최** 2~3일 정도.

**엄** 이번에는 안내를 안 받아도 되는 건가요?

**최** 이번에는 평범하니깐…….

**엄** 점점 더 높이 가만히 느껴 봐요. 이번에 도착한 그곳은 어떤 곳
이죠?

**최** 음…… 정원 같은 곳이 보이고요, 그냥 동양의 어떤 농가의 모

습이…….

**엄** 아까보다 마음이 편안하겠네요. 아까는 칙칙했었는데.

**최** 네.

**엄** 다른 영혼들도 있나요?

**최** 네. 어머니도 머물고 있어요.

**엄** 어머니께 인사를 해 보십시오. 어떻게 인사를 하죠?

**최** 그냥 알죠.

**엄** 매우 만족스럽고 행복하겠네요.

**최** 네 행복합니다. 친구들도 만나고…….

**엄** 그들이 먼저 기다리고 있었나 보네요.

**최** 네.

**엄** 이곳에서는 어떤 것을 하나요?

**최** 여기선 그냥 생활을 연장하네요. 유유자적한 마음으로…….

**엄** 거기에 있는 식물은 지구의 식물과 똑같은가요?

**최** 사실상 같습니다. 전혀 구분이 안 됩니다.

**엄** 거기서도 결혼을 하거나 가족을 이루는 등 지구처럼 하나요?

**최** 그런 거는 없고요. 아는 사람들끼리 지상과 똑같이 살다가 한 명씩 한 명씩 떠나죠. 다시 환생하고.

**엄** 거기서 바로요?

**최** 나이 든 사람들부터 차례차례 떠나고…….

**엄** 거기서 죽는다거나 소멸된다는 것은 인간으로 내려오고 환생하는 것이네요.

**최** 일찍 죽은 사람부터 하나하나 내려갑니다. 저도 신참이지만 고참이 되고 지구상으로 내려가야 하는 거죠. 이상하게 전생에는 아주 높은 차원에 있었는데 이번 생에는 그렇지 않네요.

**엄** 지난번처럼 다음 생의 계획을 세워 주나요?

**최** 아, 이게 문명과 상관이 있는 것 같네요. 전에는 계획을 할 때는 그 문명권의 이미지대로 했었는데 여기는 중국의 모습이……. 말하자면 문명권에 토대를 둔 분위기로 회의를 합니다.

**엄** 아, 중국적인 분위기로 회의를 하나 보네요.

**최** 살아생전의 모습이 영계에서 많은 영향을 주네요.

**엄** 자신의 새로운 환생에 대한 마스터플랜을 짜나 보네요.

**최** 여기는 시스템이 전혀 다릅니다. 저는 여기 나름대로 다른 영역에 온 것 같습니다. 그때와는 전혀 다릅니다.

**엄** 첫 번째와 지금과 우열의 차이가 있습니까?

**최** 네.

**엄** 여기가 처음보다 더 진보된 상태겠네요.?

**최** 아닙니다. 여기가 더 떨어집니다.

**엄** 예?

**최** 영의 진보라는 것에는 여러 가지 양상이 있기 때문에 뭐라고 이야기할 순 없지만 여기 사람들은 물질적이고 현실 지향적입니다.

**엄** 거기서 원로 회의를 할 때에 인간들의 모습을 갖추고 있겠네요?

**최** 그렇죠. 그러나 중국적인 분위기를 가지고 있습니다. 저는 불교를 따라서 계속 가는 것 같은데요.

**엄** 다시 한 번 지구로 내려오겠네요. 그게 지금 대한민국에 태어난 이 생인지도 모르겠네요. 새로운 몸을 받으러 가는 모습을 가만히 지켜보십시오.

여기서 최는 급속하게 다른 생을 생각해 냈다.

**최** 이번에는 더 고차원적인 학승을 하네요.

**엄** 중국인가요?

**최** 그런 거 같아요.

**엄** 당신이 학승이 됐다면 자신의 역할을 쭉 지켜보면서 특별한 일이 있는지 보십시오.

**최** 여자와 관련된 일이……. 여자의 유혹?

**엄** 그럼 당신은 비구승이죠? 자신의 신도에게 유혹을 받는 것인가요?

**최** 네.

**엄** 은근히 즐기기도 했겠네요.

**최** 네.

**엄**  환속을 하거나 일반인으로 돌아오나요?

**최**  돌아오긴 하는데…….

**엄**  학승의 신분을 유지하나요?

**최**  아니요. 이름 없는 절에서 그냥…….

**엄**  추락해 버렸네요. 그 이름 없는 암자로 내려 왔을 때 당신이 마음을 준 여자가 같이 있나요?

**최**  아니요.

**엄**  후회나 아쉬움 같은 건 없나요?

**최**  후회나 아쉬움이 많은 것 같아요.

**엄**  그래요. 그럼 그 생에서도 점점 삶이 마감되어 갈 거예요. 자, 가만히 느껴 보십시오. 후회가 많았을 거예요. 어떤 모습으로 그 생이 마감되어 가는지 보면서 그 생을 천천히 마감합니다. 그 생이 마감되어 가는 모습을 가만히 느껴 보십시오. 보통 진보를 해야 하는데 퇴보한 것 같기도 하고…….

**최**  퇴보했다고 볼 수는 없고요. 저한테 필요했던 경험이라 단순하게 퇴보라고 할 수는 없을 것 같습니다.

**엄**  퇴보라고 일률적으로 평가하는 것은 옳은 게 아니네요.

**최**  저는 이승에서 영적인 진동수가 낮아질 수밖에 없고 그것이 제가 극복해야 하는 과제가 된 것이죠.

**엄**  스스로가 선택한 것인가요? 순간적으로 미혹해서 그런 선택을 한 것인가요?

**최** 그거는 마스터플랜에 있었던 것이죠..

**엄** 또 다른 고난을 극복해 보라는 것이네요. 전체적인 큰 틀에서 고차원적인 계획이 있었던 것이네요. 자, 그럼 또 그 생에서 천천히 생을 마감할 거예요. 어떤 식으로 마감하는지……

**최** 제가 정신적으로 문제가 있었네요. 환각 같은 것도 많이 체험하고. 정신분열 같은 것….

**엄** 정신 건강을 해치게 된 거네요. 그것도 전체적인 틀에서 계획된 것인가요?

**최** 네.

**엄** 어떤 모습으로 죽음을 맞이하게 될까요?

**최** 이 죽음은 제가 경험한 것 중에 가장 고통스럽게…….

**엄** 어떤 식으로 하길래?

**최** 정신이 온전하지 못한 상태에서 죽었는데, 굉장히 괴롭네요.

**엄** 자연사하는 것인가요?

**최** 자연사인데 아무튼 아…… 떠올리기도 싫을 정도로…….

**엄** 괴롭나요?

**최** 네.

**엄** 굉장히 다운된 거네요. 우리가 알기로는 환생을 할수록 진화된다고 했는데 굉장히 다운되었네요. 그럼 이 다운된 영혼이 영계를 어떻게 가는지 보십시오.

**최** 굉장히 어두운 곳으로 갑니다.

**엄** 빛을 따라갈 때도 처음부터 어두운 빛을 따라가나요?

**최** 사방이 어두운데요.

**엄** 처음부터 어두운 빛인가요? 아니면 처음에는 밝은 빛에서 어두운 곳으로 도착한 것일까요?

**최** 아, 제가 자살한 것 같네요. 그 뒤에 3일 정도 있었던 것 같네요.

**엄** 어두운 곳에 도착했을 때의 느낌을 한번 느껴 보십시오.

**최** 굉장히 괴롭죠. 엄청난 절망감 같은 거.

**엄** 거기에도 아는 사람이 있는지 느껴 보십시오.

**최** 아는 사람이 있는데 누가 있다고도 생각할 수 없습니다. 객관적으로는 누가 있는데 괴로워서 느낄 수가 없어요.

**엄** 배움의 과정이나 정화의 과정을 거치나요?

**최** 결국 시간이 해결해 줍니다. 결국은 다시 정화가 되는 거죠.

**엄** 아까처럼 밝은 빛이 있나요? 스스로 정화가 되나요?

**최** 자신이 만들어 낸 환상이라는 것을 알게 됩니다. 이것도 결국 내가 만든 것이라는…….

**엄** 이렇게 깨닫고 영적으로 밝아졌을 때 이동하는 곳은 어떤 곳인가요?

**최** 이번에 제가 오랫동안 정착하고 있네요.

**엄** 그러면 지구의 나이로 따지면 어느 정도인가요?

**최** 거의 200~300년.

**엄** 그렇게 오랫동안 머문 뒤 어디로 가죠?

**최**  아주 맑고 새벽이슬 같은 게 보이고 밝은 곳으로 가네요.

**엄**  다른 영혼도 함께 있나요?

**최**  네. 같이 불도를 닦았던 동료들…….

**엄**  거기에 있는 영혼들은 당신처럼 어두운 곳을 통과해서 온 것인가요?

**최**  아니죠. 저만 특별한 케이스였습니다.

**엄**  거기선 뭐하죠?

**최**  다시 환생을 준비하죠.

**엄**  지금의 모습인가요? 다른 모습으로 존재하나요?

**최**  보통 전생에서 살던 기억을 고스란히 가지고 있습니다.

**엄**  가상의 공간인가요?

**최**  물질계가 가상이고 어떻게 보면 여기가 진실입니다. 같은 기억을 공유한 사람이 같은 공간을 만들어 냅니다.

**엄**  당신은 거기서 무엇을 하죠?

**최**  학승으로서의 생활을 다시 하고 있습니다.

**엄**  만족스러운가요?

**최**  아무 생각이 없습니다.

**엄**  거기서는 어느 정도 머물다가 몸을 받나요?

**최**  여기서 50년 정도?

**엄**  거기서도 순서가 정해져 있나요?

**최**  여기는 뭐랄까, 그 전과는 분위기가 다릅니다. 여기 사람들은 거기 사람들과 다릅니다. 여기서는 서로 간의 관계가 가깝지 않고 개인플레이를 하는…….

**엄**   그렇지만 서로 의식이 공유되는가 보죠?

**최**   아는 것도 없어요. 같이 학승의 길을 걷는 것뿐이지. 친구 같은 느낌…….


## 어스바운드(주변을 떠도는 영혼)에 관한 이야기

**엄**   최근에 선생님은 죽은 뒤 지상을 떠나지 못하고 방황하는 영혼에 대해 번역본을 냈습니다. 선생님이 가 보고 싶은 장소, 그런 영혼을 만날 수 있는 장소가 혹시 있다면 순간적으로 어딘지 느껴 보세요.

**최**   지금 여기에도 있습니다.

**엄**   여기에? 그래요?

**최**   저분을 따라온 것 같습니다.

**엄**   어떤 모습인지 느껴지는 대로 소개해 주십시오.

**최**   아니요. 저 나중에 오신 분(이 최면 세션에 와 있던 26세의 여성)을 따라왔고 아까 불이 꺼진 것도 그 어스바운드 때문에 그렇게 된 겁니다.

실제로 이 대화가 있기 수 분 전에 갑자기 불이 꺼져 버렸다. 엄영문 박사는 자신이 최면을 십여 년을 했지만 이런 경우는 처음이라고 술회했다.


**엄** 어떤 모습인지 소개해 주십시오.

**최** 그 이상은 안 보입니다.

**엄** 불이 꺼졌어요. 우리를 따라온 어스바운드가 있다면 메시지가 있을 텐데요.

**최** 어스바운드는 메시지가 없습니다. 우리가 배울 게 없습니다.

**엄** 그래도 우리한테 찾아온 이유가 있을 것 같아요.
다시 한 번…….

**최** 저분은 조심을 해야겠는데요. 어스바운드를 조심하라고요. 제가 낸 책을 잘 읽고 조심하지 않으면 안 될 것 같아요.

**엄** 저를 이야기하는 것인가요?

**최** 아뇨. 저 여자 분.

**엄** 위험에 노출되지 않도록 조심하라는 것이죠?

**최** 네.

**엄** 선생님이 사는 주거 공간에도 어스바운드가 있는지 느껴 보십시오.

**최** 아, 제 집에도 있네요!

**엄** 어떤?

**최** 서양 여자처럼 보이는데…….

**엄**　왜 온 건지 물어보십시오.

**최**　작년에 미국 갔을 때 따라온 것 같은데……

**엄**　그러면 이 방에도 어스바운드가 있을 것 같은데

**최**　원래는 없었는데 방금 따라온 것 같습니다.

최면은 이렇게 끝나고 짧은 유도로 최면에서 깨게 했다.

# 해설

이번 최면에서 최는 전생에서 자신이 목이 잘렸다느니, 혹은 승려로 살다가 마차를 타고 가는 도중 도적들로부터 습격을 받았다느니 하는 사건을 술회했다. 우리는 이런 진술을 어떻게 받아들여야 할지 모른다. 그러나 확실한 것은 그가 이런 실토를 할 때 대단히 리얼하게 했다는 것이다. 그리고 자신의 호·불호를 명확히 했고 감정을 솔직하게 밝혔다(최는 평상시에는 자신의 감정을 그리 쉽게 표현하는 성격은 아니다).

최는 영혼의 나라에 가서 지인의 안내로 어느 곳에 도착했는데 그곳은 기대와는 달리 밝지 않았다고 했다. 그리고 이런 분위기는 자신의 마음의 상태를 반영해 준다고 했는데 이것은 기존의 설과 일치한다. 영혼은 자신의 수준에 맞는 장소로 간다는 것이 그것이다. 최는 뒤에 자살을 하는 생을 살고, 그 때문으로 생각되는데 영계에 있는 자신을 컴컴한 곳에 매우 오랜 기간 동안 갇혀 있는 것처럼 묘사하는 부분이 나온다.

이것 역시 기존의 학설과 일치한다. 자살이란 대단히 큰 죄악이기 때문에 징벌이 따르는데 그 징벌 역시 밖으로부터 주어지는 것이 아니라 자신이 스스로 만드는 것이라고 알려져 있다. 이 부분은 로빈 윌리암스가 주연한 「천국보다 아름다운」이라는 영화가 도움을 줄 수 있다. 이 영화에서 영혼이 된 로빈이 자살을 해서 생을 마친 부인을 찾아가는 장면이 나오는데, 이때 부인은 매우 어두운 공간에 홀로 있는 것으로 묘사되어 있다. 그뿐만 아니라 둘이 만났을 때 이 부인은 자기의 전생 남편을 알아보지 못한다. 다른 세계에서 온 영혼이라 금세 알아보지 못했던 모양이다.

최는 이 음습한 공간에서 치유를 받는데 이런 경우는 마이클 뉴턴의 책『영혼들의 여행』에도 나온다. 이 책에서는 영혼들이 몸을 막 벗은 다음 이런 과정을 겪는 것으로 설명하고 있다. 빛이 영혼을 마치 우리가 샤워하는 것처럼 씻어준다고 하는데, 최의 설명에서도 밝은 빛이 나오고 있어 재미있다.

최는 영계에서 움직이는 것에 대해서도 통찰력이 있는 발언을 하고 있다. 영계에서 영혼들이 움직인다고 말하는 것은 공간적으로 움직이는 것이 아니라 차원이 달라지는 것이라는 발언이 그것이다. 영들의 진동이 달라지면 그에 부합하는 환경이 생겨나는 것이지 영들이 어디로 가는 것이 아니라는 것은 영계 연구가들이 공통으로 하는 말이다.

그다음에는 한 영혼의 향배를 결정할 때 그런 것을 상의하는 원로회의가 과연 있느냐는 질문에 긍정적인 답변이 나왔다. 그리고 이 회의에서는 절대로 강제하는 것이 없다고 말했는데 이것 역시 영계의 법칙으로 알려져 있다. 어떤 영혼이든 그의 자유의지를 최대한 존중해 준다고 하는데, 그렇다고 그가 무엇이든 마음대로 할 수 있는 것은 아니다. 엄연한 카르마의 법칙이 있기 때문이다.

최가 중국에서 환생한 이야기도 재미있다. 승려인데 보조 역할을 하는 무명의 승려에 불과하다고 증언했기 때문이다. 게다가 마차를 타고 가다가 강도에게 사고를 당해 고통을 받다 죽은 모습도 리얼하다. 그리고 자신이 피를 토하면서 죽는 장면을 묘사하는 것도 나오는데, 이런 것들을 어떻게 생각할 수 있었는가 하는 점은 여전히 숙제로 남는다.

그다음 생의 최후는 더 극적인데 여기서 자신이 자살을 했다고 증언하기 때문이다. 근사체험자들의 보고를 들어보면 자살한 영혼들은 어둡고 텅 빈 곳에 혼자 있는 경우가 많다고 하는데 최도 같은 이야기를 전한다. 괴롭고 큰 절망감을 느끼는 것도 그중 일부인데, 결국은 시간이 지나면 그런 것에서 빠져나올 수 있다고 최는 말한다. 단 그곳에 있는 기간이 지구 시간으로 하면 200~300년이라고 하니 그것이 사실이라면 자살이라는 것은 매우 큰 죄악이라는 것을 알 수 있다. 그러나 한편 영계에서는 시간관념이 없거나 물질계와 아주 다르다고 하는 주장이 많기 때문에 이 기간이 갖는 의미는 그다지 크지 않다고 말할 수 있겠다.

그다음의 이야기는 믿기 힘든 이야기로 어스바운드, 즉 죽은 뒤에 자신이 죽은 줄을 모르고 영계로 가지 않고 지상에 머무는 영혼[지박령]들에 대해 물어봤다. 이 질문을 한 이유는 이 최면을 하기 얼마 전에 최가 이 어스바운드에 대한 책을 번역했기 때문이다. 따라서 최가 최면에 든 상태에서 흔히 '지박령(地縛靈)'이라고 불리는 영혼들에 대해 재미있는 답이 나오지 않을까 하는 생각에서 물어본 것이다. 그런데 최는 뜻밖에 그 방 안에도 지박령이 있다고 대답했다. 당시 그 방에 같이 있던 여자를 따라왔다는 것이었다. 그러면서 그 여자가 앞으로 조심해야 할 것이라는 말도 남겼다.

그런데 우연의 일치인지 어떤지는 모르겠지만 당일 조금 이상한 일이 두 번 있었다. 최면 내용에도 나오는 것처럼 최면 도중 갑자기 형광등이 꺼져 버린 것이 그중 하나이다. 아마 안정기가 터진 것으로 생각되는데 엄영문 박사에 따르면 당시의 형광등은 교체한 지 수 일밖에 안 된 새것이라고 했다. 그리고 자신이 그곳에서 10여 년을 최면을 했어도 이렇게 형광등이 터진 것은 처음이라고 술회했다.

또 기이한 일은 명상 음악이 제 속도가 아니라 늘어지면서 나왔다는 사실이다. 엄 박사는 최면 시 명상 음악을 틀어놓는데 그날은 이상하게도 음악 CD가 늦게 돌아갔다. 이번 프로젝트의 이행을 위해 십여 차례 최면을 했는데 그날처럼 음악 CD가 늘어진 것은 처음이었다. 사실 엄박사의 전언에 따르면 이전에도 아침에 출근해서 보면 물건이 밤 사이에 이동해 있던 적이 적지 않게 있었다고 한다. 밤새 어떤 영혼이 옮겨 놓았는지 어쩐지는 알 수 없지만 이른바 심령학에서 말하는 공간 이동 현상이 일어난 것이다.

이번 세션에서는 최가 처음으로 최면을 받아서 그랬는지 주목할 만한 이야기들은 별로 나오지 않았다. 그러나 다음 세션부터는 믿기 힘든 내용들이 더 많이 나오게 된다. 믿기 힘든 정도가 아니라 한국이나 인류의 미래에 대해 예언을 하는 것이라 비상한 관심을 끄는 것들이다.

# IV

## 우리는 자아완성을 위해
## 수천 년 거듭 탄생해야 한다

피최면자 최성민(남, 46세) | 일시: 2011.3.8 오후 3:00~4:30

그다음에 최가 전하는 영계는
위로 올라갈수록,
즉 영이 맑을수록 단조로워지고
동질감을 많이 느끼는 것이다.
그러나 아래 단계로 가면
이질감을 느끼기 때문에
화합을 할 수 없어
서로 싸운다고 한다.
이 모습이 바로 현재 인류가 처한
모습이라 하겠다.
영이 맑은 영혼들은 지구상에
다시 환생하지 않지만
하위 단계에 처한 60~70%는
환생을 한다는 사실도 재미있다.

6일 만에 최면이 재개되었는데 최는 이전보다 더 깊은 최면에 들어간 것으로 보인다. 따라서 이전과는 다른 고급 정보들이 나왔다. 물론 그것을 믿을 수 있느냐 하는 것은 전적으로 다른 문제이다. 이번 최면에서는 동굴을 상상하도록 하면서 최면을 유도했다. 그리고 출구로 나가라고 했는데 그것은 전생으로 가라는 암시 같은 것이었다.

엄  자, 천천히 동굴의 출구를 향해 다가가십시오. 출구 밖으로 나가면 새로운 세상이 열릴 거예요. 점점 출구의 크기가 커지고 밝아질 거예요. 출구가 많이 환해졌죠? 출구 밖을 보십시오. 눈이 부실 정도로 밝아올 거예요.

최  빛이 밝습니다. 밝은 빛이 보이네요.

엄  가만히 느껴 보십시오. 인간들이 사는 지구인지 영혼들이 사는 곳인지 느껴 보세요. 밖에 환한 빛이 있는 곳으로 두려워하지 말고 나갑니다. 편안하게……. 순간적으로 그곳이 어떤 곳이라고 느껴질 거예요.

최  멀리 어떤 건물 같은 게 보이는 것 같습니다.

엄  건물을 가만히 보십시오. 오래된 건물인지 혹은 고층 건물인

지……. 멀리 보이는 그 건물을 향해서 조금씩 다가간다고 생
각하십시오. 자, 그 건물을 향해서 다가갑니다. 어떤 건물이라
고 느껴지십니까?

최   미래의 건물 같은…….

엄   어떤 건물이라고요?

최   아주 새하얘요. 뭐라고 표현을 해야 하나? 곡선으로 이렇게…
    ….

엄   건물이 빛이 나거나 그러진 않나요?

최   어……, 빛도 납니다.

엄   처음 보는 건물 같은가요? 자, 그럼 건물 안으로 천천히 다가가
    보십시오. 건물 안으로 점점 더 가까이 다가가서 사람들이 있
    는지, 또 어떤 구조로 되어 있는지 느껴 보십시오.

최   밖에서는 안이 안 보입니다.

엄   혹시 당신이 안으로 들어갈 수 있나요?

최   네.

엄   그럼 한번 들어가 보십시오. 건물 안으로 들어가 살펴봐 주십
    시오.

최   음……, 우주복을 입은 사람들이…….

엄   처음 보는 낯선 모습인가요?

최   그냥 뭐…… SF영화 보는 것처럼…….

엄   도대체 그 사람들이 무엇을 하는지, 일상생활을 어떻게 하는지

영화의 한 장면을 보듯이 보십시오. 자신이 가고 싶은 곳은 어디든지 가게 될 겁니다.

**최**  여기는 일종의 연구소 같은 곳인데요?

**엄**  네?

**최**  뭔가를 만드는 것 같습니다.

**엄**  그 우주복을 굳이 색깔을 구분한다면 어떤 색깔이죠?

**최**  흰색입니다.

**엄**  도대체 거기서 기웃거리는 나는 누구인지 살펴보십시오. 지금 현재의 모습인지, 아니면 다른 생의 모습인지…….

**최**  아, 저도 (이 연구소의) 일원이었습니다.

**엄**  그럼 가만히 느껴 보십시오. 나는 그곳에서 어떤 역할을 맡았는지……. 가만히 내가 맡은 역할을 느껴 봅니다.

**최**  아, 일원이라는 게 이 사람들과 같이 일했다는 게 아니라, 예전에 이 사람들과 같은 뿌리에 있었는데 저는 지구라는 별로 왔다는 것이죠. 이곳은 어떻게 보면 제 고향이라고 할 수 있는데 이곳도 그동안 많이 발전했습니다.

**엄**  옛날에 같이 있던 동료들이네요. 자신은 지구로 여행을 왔다고 했는데 지구에 어떠한 변화가 있듯이 그곳에도 변화가 있었나요? 그곳이 발전해서 생소한 느낌이 드는 것은 아닌지? 혹시 거기서 자신을 반기거나 아는 사람이 있는지 보십시오.

**최**  아는 사람이 전혀 없습니다.

**엄**  지구에서는 나이를 먹고 죽고 하는데 그곳도 그런 식인가요?

**최**  여기도 그렇습니다. 여기는 2,000년을 삽니다. 이 사람들은 노화가 잘 안 됩니다. 노화 없이 젊을 때 죽는 것 같습니다.

**엄**  인간들과 어떤 다른 인류인지 보십시오. 거기 있는 사람들의 일상을 가만히 추적해 보십시오. 그 사람들은 에너지를 어디서 획득할까요?

**최**  이 사람들의 에너지는 빛입니다. 우리와 다른 것 같네요. 뭐라고 표현 못하겠네요. 우리보다 가벼운 느낌…….

**엄**  이 사람들이 빛이라고 하면 우리가 흔히 말하는 태양의 빛인지, 아니면 원자력의 우라늄 같은 것인지, 아니면 이 빛의 에너지가 어디서부터 방출되는지 느껴 보십시오.

**최**  이 사람들이 빛이라는 게 우리가 생각하는 빛이랑 틀린데요. 우리는 광원이 있지만 여기는 광원이 없어요. 광원이 따로 존재하지 않습니다. 여기의 빛은 자체 발광이랄까? 여기서 말하는 빛은 음…… 뭐라고 설명을 해야 할지 곤란하네요.

**엄**  인간들이 아는 빛이랑은 다른 것이네요. 동물을 기르거나 곡식을 재배하는 그런 차원은 필요없겠군요.

**최**  이 사람들은 한때 인간들과 같은 차원에서 살았던 적이 있습니다. 근데 그 단계를 끝낸 거죠. 그래서 지금은 다른 차원에서 사는 겁니다. 그렇지만 여기도 물질계입니다.

**엄**  지구의 인간처럼 남녀가 결혼도 하고 가정을 꾸리고, 그렇게 살아가는지 보십시오.

최 아, 이 사람들은 지구인처럼 결혼을 하는 그런 생활을 하지 않습니다. 좀 더 관조적인 삶을 사는데 어떻게 보면 우리보다 훨씬 더 단조로울 수 있지만 항상 행복한 상태에 있습니다. 평온하고 깊은 명상에 빠져 있는 게 이 사람들의 생활입니다.

엄 그들은 깊은 명상에 빠진 것처럼 내면에 충실한 삶이네요. 그렇다면 이들이 연구하는 것은 도대체 무엇일까요? 지구에 오는 UFO일까요?

최 이 사람들도 우주가 하도 넓으니 하나라도 더 알아내려고 하는 것이죠. 우리가 알고 있는 것은 보잘 것 없는 것인데 그나마 왜곡되어 있습니다.

엄 이들도 우주에 대한 연구를 계속하는 것이네요.

최 제가 있는 곳은 이동을 연구하는 곳인데요, UFO를 연구하는 것입니다. 저는 앞으로 지구에서 이런 것을 연구하는 역할을 하게 됩니다.

엄 지금 거기 간 것은 2011년에 한국에 살고 있는 최성민이 아니라, 그 뒤의 영혼의 모습일 수도 있을 것 같은데요. 도대체 지구에서 몇 번을 환생한 뒤에 그 모습이 되는 것인지 살펴보십시오. 도대체 언제쯤 거기로 갔을까요?

최 거기서 지구에 언제쯤 왔냐고요?

엄 아니요, 지구에서 언제쯤 갔냐고요.

**최** 아, 저는 간 것이 아니라 방문을 한 것입니다.

**엄** 지구의 나이로 가늠한다면 몇 살쯤에 방문한 겁니까?

**최** 아뇨. 지금 방문했습니다.

**엄** 나의 어떤 텔레파시나 영혼이 잠시 거기로 간 거네요.

**최** 저의 일부분이 거기에 있기 때문에 제가 그냥 거기로 간 것입니다.

**엄** 인간들은 외계의 생명체가 있다 없다 논란을 합니다. 그런가 하면 최근에 나사가 그 생명체를 발견했다는 이야기도 있습니다.

**최** 외계의 생명체는 당연히 있습니다. 외계에 생명체가 없다는 것은 미치광이 같은 발상입니다. 지구인들은 마음이 경직되고 편협합니다. UFO의 존재에 대한 많은 증거가 있고 사진이 있는데도 받아들이지 않습니다.

**엄** 지금 그곳과 지구 사이에 실질적인 교류가 일어나려면 어느 정도 세월이 흘러야 가능할까요?

**최** 실질적인 교류는 2100년 정도?

**엄** 그곳의 생명들은 지구인들에게 위협적인 존재는 아닌가요?

**최** 그런 것은 절대 아닙니다. 서로 싸우면 과학 발전이 일어날 수 없습니다.

**엄** 거기에 있는 진보된 영적인 존재가 지구와 교류를 한다면 지구 사람들에게 어떤 이익이 있을까요?

**최** 빠른 속도로 굉장히 많이 변할 것입니다. 그러나 지금 지구의 에너지가 너무 탁해서 접근하기가 너무나 힘듭니다. 지구는 상태가 안 좋은 거죠…….

**엄** 그런데 그들도 지구와 접촉하기 위한 노력을 계속하고 있나요?

**최** 이 문명은 지구와 밀접한 연관을 가지고 있습니다. 예전에 지구에 살던 사람들이 일정한 세월을 거친 다음에 이 별로 이주한 것이지요. 어떻게 보면 지구와 연결되어 형성된 것이라고 할 수 있죠.

**엄** 그 별에서는 지구를 관측하고 알고 있을지도 모르지만, 지구의 과학은 아직 생명체가 있는 우주를 발견하지 못했거든요. 어떻게 하면 지구가 그 생명체를 발견할 수 있을까요?

**최** 지구에서는 발견할 수 없습니다. 차원 이동 자체가 안 되기 때문에 그렇죠. 그리고 차원이라는 개념 자체가 왜곡되어 있고……. 이 사람들이 먼저 접촉하지 않으면…….

**엄** 그 사람들이 먼저 찾아온다면…….

**최** 아! 그런데 이 사람들이 만나고 싶지 않다고 합니다. 이 사람들이 거부하고 있습니다.

**엄** 그래요? 그럼 다시 한 번 가만히 느껴 보십시오. 잠시 자신이 방문했던 연구소 말고 또 다른 생명체가 사는 마을이 보이는지……. 거기를 벗어나서 다른 공동체가 있는 곳으로 천천히 벗어나 보십시오.

**최** 아, 참 특이한 게 여기는 식물이 보이지 않아요. 나무 같은 것이 그냥 온통 백색······.

**엄** 백색 천지요?

**최** 그리고 건물이 아주 독특하네요. 아주 납작한 느낌이 듭니다. 복층이 없습니다. 단층입니다. 네모 반듯한 모양인데 상자 같은 건 아니고······. 들쑥날쑥한 게 굉장히 질서가 있어 보입니다. 아주 독특하네요. 뭐라고 표현할 수 없는······, 무슨 뚜껑을 덮어 놓은 것 같기도 하고······.

**엄** 혹시 자신이 느끼고 있는 게 원자나 전자 속의 모습은 아닌지요.

**최** 그것은 아닌데요. 아, 지금 제가 주택가에 와 있는 느낌이 드네요.

**엄** 그럼 그 공동체에서 생활하고 있는 생물체를 만나 보십시오.

**최** 이 사람들은 명상 같은 것을 하는데요. 음······, 우리는 명상과 과학이 구분이 되는데 이 사람들에게는 그 둘이 연결되어 있네요. 일터와 가정의 구분도 그렇고요. 아까 제가 간 곳도 특수한 목적을 가진 건물에서 일반적인 목적을 띤 곳으로 온 것입니다. 우리가 생각하는 회사와 집의 개념이 아닙니다. 우리가 생각하는 가족 개념이 아니고······ 어, 이 사람들은 가족이라는 개념 자체가 아예 없네요.

**엄** 그들의 시간 개념은 대체 뭘까요?

**최**　여기는 시간이라는 것이 굉장히 다양한 의미를 지니고 있는 것 같은데요. 우리가 말하는 시간은 행성의 주기로 측정하는 것인데, 그것은 광원이 분산되어 있지 않고 특정한 공간에 집중되어 있기 때문에 굉장히 저급한 의미의 시간이지요. 그러나 여기서는 모든 것이 광원이기 때문에 그런 시간은 존재하지 않습니다. 그렇게 구분하지 않습니다. 해가 뜨고 지는 게 없으니까요. 여기는 시간을 재는 게 독특하네요. 그런데 제가 설명하기 힘드네요. 이 사람들은 우주를 알아 내는 것이라든가 몰랐던 사실을 발견하는 것 등이 다 조화를 이룹니다. 우리는 과학적으로 알아내는 것과 그런 일을 하는 사람이 정신적으로 성숙한 것과는 별개인데 말입니다.

**엄**　이들의 앎은 정신과 연결이 되는 것이네요. 혹시 여기서는 출산을 해서 인구가 늘어난다든가 생명체가 소멸되어 가는 개념 같은 것들이 있나요?

**최**　여기는 결혼도 없고 출산도 없습니다. 아니, 그게 아니라 죽고 사는 것이 옷을 갈아입는 것과 비슷합니다. 우리가 옷이 낡고 해지면 교환하는 것처럼. 그런 의미로 이곳도 영계와 물질계가 연결되어 있습니다. 그런데 우리가 생각하는 것보다 훨씬 더 밀접합니다. 영혼들이 옷을 입고 활동하다가 다시 옷을 갈아입는 과정이…….

**엄**　그러면 생명체의 수가 늘어나는 게 아니라 진화하는 것이네요.

**최** 아, 지구와 다릅니다. 지구는 계속 늘어납니다. 왜냐하면 지구는 하나의 거대한 시스템이라 아메바나 박테리아 같은 게 점점 다세포 생물로 변화하죠. 그래서 마지막 단계에 가서 개나 고양이 같은 애완동물이 되면 인간적인 감정을 알게 되고, 그렇게 성장하다가 결국 인간이 됩니다. 이 시스템으로 가면 인간은 늘어납니다.

**엄** 거기선 어때요?

**최** 여기서는 죽는 사람도 없고 새로 태어난 사람도 없이 일정하게 유지됩니다.

**엄** 거기서 누구를 만나 보면 좋을까요? 혹시 거기서도 지구에서 말하는 리더라든가, 지구에게 메시지를 전하고 싶은 사람이 있나요?

**최** 여기도 당연히 리더가 있습니다.

**엄** 그 사람에게 지구에게 전하고 싶은 메시지가 있는지 물어봐 주십시오.

**최** 우선 외계인은 있다고……, 지구에만 달랑 생명체가 있다면 우주를 왜 이렇게 넓게 만들어서 그 공간을 낭비하겠냐고, 상식적으로 말이 안 된다고 하네요. 지구인들은 굉장히 어린아이 같다고 하네요. 모든 게 자기중심적이고 자기를 중심으로 우주가 돌아간다고 생각하고…….

**엄** 그래요. 우리의 한계가 그것인 것 같네요. 우리가 볼 수 있는 한계가 정해져 있으니까…….

**최** 꼬마 애들이 모든 걸 다 할 수 있다고 하는 것과 비슷하죠.

**엄** 그럼 지구인들은 앞으로 뭘 더 해야죠?

**최** 지구는 격동기가 생기는데 그게 2090년쯤에 마무리되고 2100년쯤에 자기네들 문명과 접촉할 거라고 하네요.

**엄** 지구의 멸망에 대한 메시지가 있는지?

**최** 지구의 멸망은 지극히 물질적인 사고방식의 종말을 말하죠. 영혼은 불멸하기 때문에 죽는 사람들은 없고요. 단지 지구의 오래된 질서가 무너지는 것이죠. 아, 그런데 앞으로 20:80 정도로 인구가 많이 준다고 합니다. 전 인구의 20%만 살아남는다는 것이죠. 지금 지구에는 깨어 있는 사람들이 있다고 합니다. 새로운 문명이 탄생하는데 이 사람들은 마지막 시험에서 20%가 통과하고 그 나머지는 윤회를 계속하게 됩니다.

**엄** 영적으로 진화되는 사람들은 거기로 옮겨가고 나머지 80%가 지구에서 다시 산다는 것이네요. 주제를 바꾸어서 혹시 2011년도 현재 죽는 사람들이 가는 영혼의 나라로 갈 수 있다면, 생각하지 말고 순간적으로 이동해 보십시오. 죽은 사람들이 잠시 거치는 영혼의 나라로 갈 수 있는지. 그곳으로 갈 수 있다고 생각해 보십시오.

**최** 네 여기는 아까 거기와는 다른…….

**엄** 다른 차원?

**최** 여기는 단일한 곳이 아닙니다. 영계라는 곳은 엄청나게 많은 차원으로 이루어져 있어 가는 곳이 다 다릅니다. 어, 위로 올라갈수록 단조로워지네요. 그리고 밑으로 내려갈수록 복잡해집니다.

**엄** 단조로운 곳이 훨씬 더 진화되고 명상적인 분위기나 영적인 분위기를 경험할 수 있는 곳이네요.

**최** 진동수가 낮을수록 헛갈리고 서로 다름을 의식하게 되지만 올라가면 갈수록 동질감을 느끼게 됩니다. 밑에서는 서로 싸우는 것이죠. 화합을 할 수 없어요. 항상 이질감을 느끼기 때문에 그렇습니다.

**엄** 어느 단계가 되어야 영혼들이 지구로 돌아오나요?

**최** 일단 높은 곳으로 올라가면 더 이상 환생하지 않고, 돌아오는 사람들은 낮은 단계의 사람들입니다.

**엄** 중간보다 밑에?

**최** 60~70%가 환생을 합니다.

**엄** 중하위권의 영혼들이 온다고 볼 수 있네요. 그렇다면 그들의 차원으로 천천히 이동해 보십시오. 혹시 거기에서 곧 지구로 여행을 떠나는 사람을 만날 수도 있을 겁니다.

**최** 사람들이 있습니다.

**엄** 그럼 이렇게 환생하는 60~70%에 해당하는 영혼들이 어떤 준비 과정을 거치는지…….

최　준비 과정이 많이 있죠. 여기는요, 구분이 있는데 아까 거기와 비슷합니다. 밑으로 내려갈수록 지구와 비슷해집니다. 아주 밑으로 가면 지구의 어두운 곳과 비슷하죠. 제가 지금 온 곳은 없는 게 없습니다. 지구에 있을 때와 똑같이 삽니다. 여기도 나름대로 바쁘게 살아가는 것 같습니다.

엄　그렇다면 거기는 지구로 여행가기 위한 준비를 하는 곳이네요. 그러면 그 준비는 스스로 하는지 아니면 마스터가 있는지…….

최　제가 생각했던 것과 약간 다르네요. 하하. 저는 뭔가 이곳은 지구랑 다를 것이라고 생각했는데 너무 똑같네요. 이곳은 영계가 아닌 것 같은 생각이 들 정도로 지구와 비슷합니다. 서로 아는 사람들끼리 모여서 이야기도 하고 물어보기도 하고…….

엄　특별한 가이드는 없나요?

최　당연히 있죠. 그 사람들이 일반인들이랑 다를 것 같지만, 일반인들과 똑같습니다.

엄　지구상에 있는 가이드 수준이네요. 옷이나 외모는 어떻습니까?

최　옷이란 의미가 없고 편한 외모를 하고 옵니다.

엄　지구인처럼 옷을 입고 있나요? 아니면 에너지일까요?

최　제가 보기엔 옷으로 보이고 표정이나 이런 게 똑같아요.

엄　그들은 주로 무엇을 준비하나요?

최　다음 생에 의사가 될 영혼이면 의학 지식을 공부하고 배우가 될 사람이면 연기하는 방법을 공부합니다. 이렇게 자기가 관심 가는 것을 공부합니다.

**엄** 마치 예습을 하듯이 연습하는 것이네요. 혹시 거기서 준비하고 있는 한 사람을 만날 수 있으면 자신이 궁금한 점을 이것저것 물어봐주십시오.

**최** 네. 이 여자 분은 요리를 공부하고 있습니다. 독일? 서양 여자처럼 보이고요. 환생하면 요리사가 될 거라고 하네요.

**엄** 그러면 제가 질문을 할게요. 당신은 왜 요리에 관심을 갖고 있죠?

**최** 먹는 걸 좋아한다고…….

**엄** 영계란 지구랑 조금 다른 고차원적인 곳일 거라고 생각했는데 그게 아니군요.

**최** 여기는 60~70% 수준에 온 것이고요. 아까 밝은 데에 있다가 여기에 오니깐 어두운 느낌이 들어요. 굉장히 고급 주택가처럼 보이는데요. 빛의 광도가 약간 어두운 느낌. 어스름한 초저녁 같은…….

**엄** 다시 한 번 물어볼게요. 거기에선 지구별 여행을 올 때 조언을 받거나 자료가 있나요? 아니면 스스로 결정하나요?

**최** 그것도 다 다르다고 하네요. 카르마가 아주 무거운 사람들은 또 다르고. 여기서는 그런 방식으로 옵션을…….

**엄** 그렇다면 옵션의 주재자는 누구죠?

**최** 여기 아주 높은 차원에 있는 영들이 합니다.

엄  잠시 높은 차원 사람이 내려오는 것이네요.

최  아주 높은 사람은 관심이 없고 그보다 조금 아래 단계의 사람이 하는 겁니다.

엄  그렇다면 차원이 좀 더 높은 사람은 지구로 환생하지 않는 높은 차원으로 가나요?

최  네. 여기 사람들이 아까 거기 사람들과 비슷하네요.

엄  지구로 떠나온 사람은 지구를 반드시 거쳐야만 그곳으로 갈 수 있나요?

최  지구 말고도 굉장히 많은 것이 우주에 있고, 시스템도 무수히 많은데 그 시스템 자체에 대한 이해가 부족하네요.

엄  안에서 교육을 하거나 스스로 내부에 진화가 일어나나요?

최  여기서는 (힘이) 굉장히 약합니다. 이걸 어떻게 이야기를 해야 하나……. 하여튼 단련이 되어야 합니다. 물질세계로 와서 단련해야 합니다. 이 사람들은 지구나 다른 행성에서 과정을 겪은 사람들입니다.

엄  그 위에 밝은 곳으로 가서 지구 말고 다른 행성에 가서 진화되어 있는 영적인 존재는 평균적으로 얼마나 왔을까요?

최  인구수를 말씀하시나요?

엄  아니, 횟수.

최  아. 윤회 횟수.

엄  네.

**최** 사람마다 다 다른데…….

**엄** 약 평균적으로 몇 번 환생해야 하나요?

**최** 4,500번 정도…….

**엄** 그렇게 많이 해야 하나요? 그럼 좋아요. 최고의 경지에 있는 영혼이 있는 곳으로 올라가 보십시오. 거기서 눈에 보이는 게 있나요?

**최** 저는 그곳으로 올라갈 수 없고 내려가는 것만 가능합니다.

**엄** 자신이 최고로 올라갈 수 있는 것은 얼마 정도?

**최** 저도 꽤 높은 편입니다.

**엄** 한 70~80% 수준 정도?

**최** 저는 90% 정도 됩니다.

**엄** 그러면 90% 정도 경지에 있는 고급령에게 물어 보십시오. 지금 최 선생님을 포함해서 우리가 영혼에 대해서 계속 탐색하고 있는데 이것이 과연 가치 있는 일인지 물어봐 주십시오.

**최** 당연히 가치 있는 일이라고 합니다.

**엄** 이 연구를 좀 더 진전시키려고 하면 앞으로 어떤 주제나 방법이 필요한지 물어봐 주십시오.

**최** '용기를 가지십시오.'라고 하고 '여러분들의 내면에 해답이 있다.'고 합니다. 외면에 물어보지 마시고 내면에서 찾을 수 있다고 말입니다.

**엄** 명상을 하거나?

최  명상을 기계적으로 하지 마십시오.

엄  일상적인 명상밖에는 생각이 안 나는데 내면에 있는 지혜를 이
끌어 내려면 어떻게 해야 하는지?

최  버리기. 아주 불필요한 것들을 버리라고 합니다.

엄  그것이 물질이기도 하고 정신이기도 하겠네요.

최  사랑을 하면 버릴 수 있다고 합니다.

엄  지금 우리는 여러 사람들을 모셔와 이 실험을 하고 있는데 이
연구를 더 깊이 하려면 어떤 분들을 모셔 와야 할까요?

최  저한테 물어보지 마십시오.

엄  그러면 찾을 수 있을까요?

최  살아간다면…….

엄  굳이 등급을 매긴다면 어느 수준인지?

최  여러분의?

엄  네. 이 방에 있는 최 교수님이나 성 교수님 등의 등급은 어느 정
도죠?

최  85~89% 정도이네요. 저보다 낮으시네요. 죄송합니다.

엄  거기서 개인적으로 관심을 가진 곳이 있나요?

최  없습니다.

## 현생에서 죽음을 체험하기

**엄**  자, 지금으로부터 수십 년 뒤의 모습으로 갈 것입니다. 용기를 가지고 나의 죽음에 직면해 봅니다. 영화의 한 장면처럼.

**최**  저는 두가지의 미래가 있습니다. 70살에 중병을 앓는데 이것을 넘기면 90살까지 산다고 합니다. 그러나 90살까지 산다는 것도 그렇게 오래 사는 것이 아닙니다.

**엄**  그렇다면 자신의 삶을 어떻게 마무리 하는지…….

**최**  자연사합니다.

**엄**  누가 있는지?

**최**  어떤 여자 분이 있네요.

**엄**  부인인가요?

**최**  그건 잘 모르겠습니다.

**엄**  자신이 90살쯤 그 생을 마감한다고 하면 자신은 어떤 교훈을 얻고 생을 마감할 것 같습니까?

**최**  저는 이번 생에 과거에 있었던 업을 소멸하느라 굉장히 힘들었고 소멸하고자 하는 목표를 이루네요. 제가 그동안 여러 가지 일로 진동수가 많이 떨어진 상태였는데 원래의 진동수를 복구하고 가네요.

**엄**  당신이 시신과 분리되어서 바로 영혼의 나라로 가는지 아니면 잠시 머무는지, 그 과정을 한번 지켜봐 주십시오. 이제 당신의 몸이 분리됩니다. 분리돼서 어떤 과정으로 가는지…….

**최**  이미 사후생을 알고 있기 때문에 머무르지 않고 바로 갑니다.

**엄**  순간적으로, 순간이동을 하나요?

**최**  네.

**엄**  그럼 아까 그곳과 같은 밝은 곳인지…….

**최**  네. 밝은 곳이네요.

**엄**  혹시 당신을 반겨 주거나 안내해 주는 사람이 있는지

**최**  네. 많죠. 어, 여기 있는 사람은 에너지 체입니다. 사람의 형체는 보이지 않고 굉장히 행복한 느낌입니다.

**엄**  그래요. 거기서도 우리가 이미 알고 있는 것처럼 지구상에 살았던 경험들을 평가하거나 분석하는 과정이 있나요?

**최**  네, 있습니다.

**엄**  그런 평가나 분석을 누가 주도하죠?

**최**  음…… 여기는 다른 곳과 약간 다르네요. 자기가 스스로 하는 것 같네요.

**엄**  자기가 스스로 분석하는 것이네요. 당신은 어때요? 잘 산 것 같나요?

**최**  저요. 바보 같죠. 30대까지는요. 그리고 40세 넘어서 좀 철이 들고. 40대의 10년이 굉장히 중요한 시점이고 그 기간 동안 잘했다고 하네요.

**엄**  거기서는 다음 생을 환생할 마음이 있는지?

최  저는 환생을 더 해야 합니다. 부족한 게 많습니다.

엄  그래요. 혹시 영혼의 나라에서는 지구의 관점에서 볼 때 어떻게 머물고 있죠?

최  여기는 상념의 세계입니다. 기술 개발이 없고 명상의 생활과 비슷합니다.

엄  마음이 안전하고 고요하게 머무는 것이네요. 평균적으로 영혼의 세계로 갔다가 지구로 오는 틈은 어느 정도일까요?

최  20년 내지 30년?

엄  혹시 지구 말고 다른 공간으로 가는 사람도 있나요?

최  다른 공간으로 가는 사람도 있습니다.

엄  그렇다면 조언해 주는 사람들도 있나요?

최  네. 그렇지만 결정은 자기가 합니다.

엄  그러면 그 조언해 주는 사람들은 영적인 존재인가요?

최  네.

엄  본인은 언제 다시 환생하나요?

최  70~80년 정도 뒤입니다.

엄  어디로 환생하나요?

최  아이슬란드요.

엄  왜 아이슬란드인지?

최  영계와 가장 비슷한 곳이라…….

엄  혹시 아이슬란드에 가 본 적이 있는지..

**최** 아니요.

**엄** 그럼 어떻게 알고 있지요?

**최** 이미 오래전부터 잠재의식에서 알고 있었습니다.

**엄** 그렇다면 거기서는 어떤 경험을 하고 사는지 영화의 한 장면처럼 보십시오.

**최** 대한민국은 인간을 도구화되고 비인간적으로 만듭니다. 자신이 도구화되는 것을 막고 인간이 되려고 하는 사람이 없습니다. 저는 그런 것이 없는 아이슬랜드에서 인간이 되려고 합니다.

**엄** 그때(내생)의 직업은?

**최** 카운슬러를 하는데 좋은 아버지의 아들로……

**엄** 결혼을 하나요?

**최** 평범한 삶을 살면서 인간미를 느끼고 사랑하는 사람을 느끼고 삽니다. 그런데 한국 사람들은 이런 데에 많이 서툴죠.

**엄** 지금으로부터 70~80년 뒤에 지구는 어떤 발전이 있나요?

**최** 지금 같은 석유 에너지가 아니라 대체에너지를 쓰게 됩니다. 패러다임 자체가 바뀌는 것이죠.

**엄** 오랫동안 당신도 대체에너지를 연구했는데 그때는 어떤 에너지로 차가 움직이나요?

**최** 태양열입니다.

**엄** 혹시 자동차도 태양열로 이동합니까?

최  근데 자동차가 지금과 같은 자동차가 아닙니다. 날아 다닙니다. 이 시대는, 지금 우리는 일터와 개념이 분리되어 있는데 그런 개념이 아니라 우리 사는 곳이 공동체 비슷하기 때문에 이동 자체가 많지 않습니다.

엄  공동체 마을에서 의식주를 해결해 주는 거네요. 물자를 구하기 위해서 움직일 필요가 없나요?

최  지금 출퇴근을 하는데 이때에는 그런 개념이 없습니다. 무역도 없어집니다. 자급자족합니다.

엄  그렇다고 원시적인 것은 아니죠?

최  네, 당연히 아니죠.

엄  그렇다면 빈부격차가 없을까요?

최  없습니다. 지금은 돈을 벌면 자기한테만 쓰는데, 이때 사는 사람들은 못 사는 나라를 도와줍니다.

엄  그렇다면 경쟁의 의미가 퇴색된다는 것이네요. 80년 뒤에 태어났다고 하고 자신이 경험하고 싶은 것이나 관심 있는 곳으로 가십시오.

최  아, 아까 직업에 대해 말할 때, 그것도 변한다고 하네요. 개념 자체가 다르네요.

엄  생계 수단은 무엇으로 하죠?

최  생계란 말 자체에 대해 이상하게 생각하네요. 지금의 시대는 후대의 역사가들이 공포의 시대라고 합니다. 환상에 빠져 있죠. 굶어 죽을 것이라고 생각하고 열심히 뛰지 않으면 나는 파멸할 것이라고 생각하고…….

**엄**  그때쯤이면 이런 게 사라지겠네요.

**최**  제가 아까 '여러분이 하시는 일들이 계속 밀고 나가십시오.'라고 한 건 이런 모임이 변화의 시발이 되기 때문입니다. 그러니 풀죽지 마십시오.

**엄**  최면을 마치기 전에 한 가지만 더 묻겠습니다. 지난 번 최면 때 지박령이 이곳으로 따라왔다고 했는데 지금은 어떻습니까?

**최**  지금은 없습니다. 그리고 지난번에 기계의 오작동이 난 것은 지박령이 자신의 존재를 보여주기 위해 한 것입니다. 그런데 더 살펴보면 진정한 지박령도 아닌 것 같네요.

**엄**  잘 알았습니다. 그럼 천천히 최면에서 깨어날 준비를 합니다.

최는 최면이 끝난 후 자신이 겪은 전생 이야기와, 그에 관한 여러 가지 생각들을 함께 술회했다.

제일 먼저 말한 것은 처음에 본 연구소 이미지는 지금까지 한 번도 보지 못했던 것이라는 것이었다. 그런데 그가 기억하는 그 연구소가 어떤 곳인지는 도대체 알 길이 없다. 자신도 그곳에 있다가 지구로 환생하고 그들은 그대로 그곳에 있다고 했는데 그것도 무슨 의미인지 잘 알 수 없다. 이들(의 조상들)은 인간들과 함께 살았는데 많은 진화를 이루어서 지금은 인간들과는 다른 차원으로 가서 생활한다고 한다. 그러니까 이들은 인간보다 높은 차원에서 살면서 나름대로 진화를 하고 있는 것이다. 그러나 그들이 사는 곳이 여전히 물질계라고 하는 것도 재미있다. 최의 말을 따르면 이들 역시 아직 물질계를 졸업하지 못한 것이다.

그다음 얘기는 UFO로 옮겨 갔다. 그는 UFO를 연구하는 곳으로 갔는데 이 인연으로 지구에 태어나면 UFO를 연구하게 될 거라고 답했다. 그는 당연히 UFO의 실재에 대해 강한 긍정을 했고 2100년 정도가 되면 UFO와 실질적인 교류가 있을 거라고 예언했다. 지금은 지구의 에너지가 탁해서 UFO들과 직접적으로 접촉할 수가 없단다.

이런 이야기들이 다 사실이라면 UFO의 외계인들은 영적으로 매우 발달한 사람이어야 한다. 최의 말만 따른다면 UFO들은 영이 매우 발달했기 때문에 지구의 더러운 에너지 파장을 견뎌내지 못할 것이라고 생각할 수 있다. 그래서 그들은 결코 위협적인 존재들이 아니다. 이 가정을 받아들인다면 외계인 침공을 두려워하고 있는 사람들의 걱정은 기우라 할 수 있다. 그리고 그들은 차원 이동이 가능하기 때문에 지구로 올 수 있지만 우리 지구인들은 차원 이동을 할 수 없어 그들과 접촉할 수 없다는 이야기도 재미있다.

그다음에 최가 전하는 지구의 미래도 경청할 만하긴 한데 그 내용이 그다지 긍정적이지 못하다. 아니 그냥 부정적인 것이 아니라 대다수의 인간이 죽는 파국이다. 최에 의하면 지구 인구 가운데 20%만이 남아 진화된 차원으로 가고 나머지 80%는 지구에서 계속해서 윤회를 거듭한다고 한다. 그러니까 80%나 되는 인류가 죽는다는 것이 비극적이기는 하지만 어차피 우리 인간은 죽고 다시 태어나는, 윤회하는 삶을 살고 있으니 그 사실 자체가 그리 놀랄 만한 것은 아니다. 지구에 파국이 온다는 것은 사람이 많이 죽는다는 것보다 2100년까지 큰 변혁이 온다는 사실로 이해해야 할 것이다. 최에 따르면 이 지구가 대격변기를 맞이해 그것이 2090년까지 마무리되고 2100년 전후로 새로운 문명이 열릴 거라는 것이 그것이다. 그때가 되면 이 지구 문명의 모태가 되었던 다른 차원의 문명과 만날 수 있다는 것이다. 최는 이것을 지구인이 UFO와 만나는 것으로 이해하고 있었다.

그다음에 최가 전하는 영계는 위로 올라갈수록, 즉 영이 맑을수록 단조로워지고 동질감을 많이 느끼는 것이다. 그러나 아래 단계로 가면 이질감을 느끼기 때문에 화합을 할 수 없어 서로 싸운다고 한다. 이 모습이 바로 현재 인류가 처한 모습이라 하겠다. 영이 맑은 영혼들은 지구상에 다시 환생하지 않지만 하위 단계에 처한 60~70%는 환생을 한다는 사실도 재미있다. 아울러 이 영혼들이 환생을 하기 위해 준비하고 있다는 장소도 아주 재미있다. 그곳도 여러 단계가 있는데 그곳에서는 지구와 똑같은 일을 하면서 산다고 한다. 최는 이곳이 평소에 자신이 생각했던 것과 달라 의외였다고 전했다. 그곳이 영계이니 지구와는 환경이 조금 다를 것이라고 생각했는데 지구와 아주 같아서 적이 놀랐다는 것이다. 그래서 옷도 특별한 게 아니고 지구와 같은 옷을 입은 것으로 보인단다. 그곳에서는 다음 생에 지구에 가서 할 일에 대해 예습한다고 했다. 이때 환생 이후의 삶을 지도해주는 영이 있는데, 이들은 높은 수준의 영이긴 하지만 그렇다고 아주 높은 단계의 영은 아니라는 사실도 재미있다.

이렇게 지구에서 충분히 살면 다른 차원으로 올라가는데 이렇게 하기 위해 윤회해야 하는 횟수가 평균 4,500번이나 된다고 최는 전한다. 물론 그 진위 여부는 알 길이 없다. 우리는 이것을 단지 한 영혼이 진화의 완성을 이루기 위해서는 장구한 세월이 필요하다는 메시지로 받아들이면 될 것 같다. 전생을 연구하는 한 미국인 학자는 그랜드캐니언 같은 자연물도 지금의 장엄한 모습을 갖추기 위해서는 수천만 년의 세월이 필요한데 고귀한 인간의 영혼이 완성되는 데에 얼마나 많은 시간이 걸릴지는 아무도 모른다고 말했다. 환생이 4,500번이면 약 15만년이라는 세월이 걸리는데 이 시간 역시 한 사람의 영혼이 완성되는 데에는 부족한 것 아닌지 모르겠다. 여기서 한 사람의 영혼이 완성된다는 것은 붓다나 예수와 같은 각자(覺者)의 경지까지 가는 것으로, 이것은 현재 인류의 수준으로는 거의 불가능한 일이다. 그래서 이렇게 많은 시간이 걸린다고 한 것이지만 성자들의 수준을 알면 이 시간도 길지 않다는 것을 알 수 있을 것이다.

그다음으로 자신의 임종과 다음 환생지에 대한 예언도 재미있다. 자신이 70대나 90대에 죽을 것이라고 예언한 것도 그렇고 마지막에 어떤 여인이 있는데 자신의 임종을 지켜줄 것이라는 것도 그렇다. 최는 나중에 최면에서 깨어나서 자신의 직전 전생은 이미 알고 있었는데 그때에는 바람둥이라 이혼을 두 번이나 하는 등 결혼생활이 순탄치 않았다고 한다. 그래서 이번 생에는 결혼을 안 하는 것으로 되어 있는데 그래서 그런지 40대인 최는 결혼을 하지 않은 상태이다. 그런 그가 임종할 때에는 한 여인이 동석하게 되는데 부인은 아니라고 한 것이 재미있다. 아울러 다음 생은 아이슬란드에 태어난다고 정색을 하고 말한 것도 재미있다. 이런 진술들을 환상이라고 치부하면 간단하지만 멀쩡한 사람이 최면 상태이지만 진지하게 말하는 것을 그냥 사실이 아닌 것으로 몰고 가는 것도 마땅찮다. 그리고 이번에도 자신의 생을 회고하는 전생 리뷰 과정이 나오는데 여기서는 높은 수준의 영의 도움 없이 혼자 하는 것으로 나온다.

마지막에는 지구의 미래를 예언하는 것 같은 부분이 나온다. 최는 평소에도 에너지 체제나 화폐경제의 교체에 대해서 큰 관심을 갖고 있었고 이 부문의 저서까지 있다. 이번 최면에서도 에너지 문제가 나오는데 이 정도 이야기는 초보적인 것이라 재론할 필요는 없겠다. 맨 뒤에 나오는 지박령, 즉 어스바운드에 관해서는 '지난번에 등이 꺼진 것은 틀림없이 어떤 영적인 존재가 간섭해서 한 일이긴 하지만 그게 정말 지박령인지는 잘 모르겠다.'고 하니 우리로서는 더 알길이 없다. 그런데 이 뒤에도 한 번 형광등이 또 갑자기 꺼져 버린 적이 있었다. 이때에는 지박령에 대한 언급이 전혀 없었는데 갑자기 또 형광등이 꺼진 것이다. 따라서 전기 기구에 어떤 문제가 있어 생긴 일일 가능성이 높아졌다고 해야겠다.

이 최면은 이렇게 끝나는데 다음 번 최면에는 이번에 나온 내용들이 더 구체적으로 묘사되기도 하고 더 황당하게 설명되기도 한다.

# V

## 새로운 시대는
## 한국에서 열린다?

피최면자 최성민(가명, 남, 46세) | 일시: 2011.3.15

최는 더 나아가서
본인이 이 카르마 때문에
2,000년 동안 아주 힘든 삶을
살았고 그것을 해소하기 위해
한국에 태어났다고 주장했다.
그런데 그 업보를 해소하는 일이
종교에 관한 것이 아니고
새로운 화폐 시스템을 구축하는
것이라고 실토했다.
지금의 경제체제는
문제가 많기 때문에 더 이상은
이렇게 갈 수 없다고 하는데,
정작 새로운 화폐제가
어떤 것인가에 대해서는
별 언급이 없었다.

이번 세션에서는 현재의 나이에서 점차 어릴 때로 역행하여 최종적으로는 태아 상태와 태아 이전의 영혼 상태로 최면을 유도하는 연령 퇴행으로 최면을 유도하였다.

엄　현재의 나이에서 20대로 거슬러가면 순간적으로 떠오르는 게 있을 거예요.

최　대학을 다니고 있습니다.

엄　특별히 기억나는 게 있나요.?

최　네. 미국에 갔습니다.

엄　특별히 기억이 생생한 이유는 뭘까요?

최　미국에 가서 그냥 여기저기 구경다니고……

엄　다시 10년 전으로 간다면 아마, 중고등학교 시절쯤 될 거예요. 당신의 10대 삶 중에서 특별히 기억나는 것이 있다면 말해 보십시오. 순간적으로 뭐가 탁 떠오를까요?

최　담임선생님, 담임선생님이 참 좋으신 분이라서……

엄　그 선생님은 어느 시절의 담임선생님이었나요?

최　정확히 30년 전의 담임선생님이에요.

엄　중학교 때인가요? 고등학교 때인가요?

최　중학교 2학년 때.

엄　당신에게 관심과 애정을 주었던 그 선생님과 같이 했던 장면을 영화의 한 장면처럼 잠시 한 번 떠올려 보십시오. 예, 좋아요. 그때를 생각해 본다면?

최　반장 투표를 했는데 제가 뽑혔습니다. 네. 그래서 반장이 됐죠.

엄　그때 기분을 한번 느껴 보아요. 그때 기분 좋은, 어깨가 으쓱 올라가는 그 느낌을 잠시 느껴 봐요. 잠시 그때 시절로 돌아가 봐요.

최　네.

엄　다시 또 세월을 거슬러 올라가서 초등학교 고학년 무렵으로 가 보십시오. 초등학교 때 순간적으로 스치고 지나가는 것을 느껴 보십시오..

최　친구랑 연을 만들던 게 생각나요.

엄　하늘 높이 연 띄우는 것을 기억의 앨범에서 꺼내서 보십시오.

최　연날리기 대회가 있었는데 제가 연을 만들다가 다쳤습니다. 크게 다쳤는데 연은 날지 않았습니다. 만드는 데 문제가 있었습니다.

엄　좋아요. 다시 초등학교 3학년 때로 내려가 보십시오. 그때의 기억의 앨범 속에서 경험을 다시 꺼내 보십시오.

최　네, 3학년 때 웅변대회를 나갔습니다. 거기서 1등을 했어요.

엄　여러 학생들이나 선생님들 앞에서 웅변하고 있는 당당한 당신의 모습을 가만히 떠올려 보십시오. 지금도 웅변하는 장면을 떠올리는 기분이 어떤가요?

**최** 네, 귀엽네요.

**엄** 다시 조금 더 세월을 거슬러서 초등학교를 들어가기 전 5~6살 때의 기억들을 가만히 회상해 보십시오.

**최** 네, 질이 안 좋은 애들한테 걸려서 맞은 기억이 납니다.

**엄** 그때 그 시절로 돌아가 보십시오. 비디오 카메라로 녹화한 것을 보는 것처럼 그때 그 장면을 멀리서 영화의 한 장면처럼 가만히 바라보고 느껴 보십시오. 점점 더 내려가 보십시오. 당신의 나이가 3~4살. 혼자서 집 가까이 돌아다닐 수 있을 정도로 성장했거든요. 그때 당신의 모습을 회상해 보십시오.

**최** 예, 아버지가 의자를 맡아 놓고 있으라고 했는데 제가 딴 짓을 하다가 누가 의자를 훔쳐갔습니다.

**엄** 그래서 많이 혼났겠네요?

**최** 굉장히 많이 혼날 줄 알았는데…….

**엄** 아, 그래요. 이제 열부터 하나까지 수를 셀 때 인생에서 자신이 기억하고 있는 당신의 최초의 경험이 있는 곳으로 갈 거예요. 당신의 최초 경험으로 접근해 갑니다. 좋아요.

**최** 제가 상상하는 건지 모르겠는데. 산부인과?

**엄** 좋아요. 선생님이 분석하지 말고, 상상일 수도 있고 생각일 수도 있거든요. 영화의 한 장면처럼 내가 출생하는 장면을 바라

본다고 생각하십시오. 떠오르거나 느껴지는 대로……. 영화의 한 장면처럼 당신의 출생의 장면일 수도 있고 또 다른 누구일 수도 있거든요. 그냥 본다고 생각하십시오.

최  애를 낳는 장면이 보입니다. 분만하는 장면.

엄  주위에서 사람들의 목소리가 들리는지?

최  소리는 잘 안 들리고요.

엄  그 모습을 보니깐 엄숙해 보여요? 어떻게 보이나요?

최  아무 느낌도 없습니다.

엄  그 아이가 본인일 수도 있네요. 그렇다면 그 아이가 출생하기 전의 어머니의 배속으로 들어간다고 생각하십시오. 그리 가 봐요. 내가 어머니의 배속에 있다고 느껴 보십시오. 양수라는 보호막 안에 들어 있을 거예요. 편안한 느낌, 안정적인 느낌…….

최  기분이 생각보다 좋지 않네요.

엄  기분이 안 좋은 데는 이유가 있을 거예요. 자신의 몸을 보호하고 있는 어머니의 마음을 읽어 봐요.

최  어머니가 심리적으로 좀 불안하고…….

엄  그래요. 그렇다면 엄마도 태아도 바로 느낄 수 있는 서로 간의 감정을…….

최  제가 그것을 느끼고 있습니다.

엄  그런 불안은 생모가 혹시 아이에 대한 염려일 수도 있고, 임신에 대한 염려일 수도 있고……. 불안한 심리는 생물을 잉태한 이유 때문인지 아니면 개인적인 고민인지? 도대체 어디서 왔을까요? 그 마음을 느껴 보세요.

**최** 아버지 때문인 것 같습니다.

**엄** 아버지에게 무슨 일이 있죠?

**최** 아버지는 뭐라고 할까요? 사람을 불안하게 하는 요인을 갖고 있네요.

**엄** 그렇다면 당연히 태아도 불안하겠네요. 영혼의 나라에서는 영혼들이 자신이 태어날 엄마의 자궁을 선택한다고 하는데 그럼 그 전의 영혼의 상태로 돌아가 보십시오. 순간적으로 어떤 느낌이 떠오르죠? 영혼의 상태로 가 보세요.

**최** 그냥 빠르게 뭔가 이동하는 것 같은 느낌인데요?

**엄** 좋아요. 빠르게 이동한다면 엄마의 자궁을 찾아가는 것인지?

**최** 네 뭔가를······.

**엄** 잠시 멈춰 봐요. 뒤로 한번 돌아가 보십시오. 빠르게 여행하기 직전으로 가 보십시오. 빠르게 이동한다는 것은 어디에 태어날지가 결정이 된 것이니까, 그 결정이 있기 전으로 돌아가 보십시오.

**최** 아, 어머니의 모습이 보입니다. 이미 임신을 하고 있네요.

**엄** 그렇다면 어머니가 수정하는 순간에 간 것은 아니네요.

**최** 저는 좀 늦게 갔네요.

**엄** 그 어머니를 영혼이 선택하게 될 때 선택의 기준은? 영혼이 왜 그 어머니의 몸을 받기로 했는지 어떤 과정이 있는지 살펴봐 주시기 바랍니다.

**최** 이 어머니는 제가 중국에서 태어났을 때 저의 어머니였습니다. 그리고 어떤 인연이 있어서 간 것은 사실인데, 저는 사실 그렇게 태어나서 썩 그렇게 좋지 않은 인생을 살 것을 알고 있었기 때문에 좋아서 간 것이 아니고 그냥 마지못해……

**엄** 마음이 썩 내키지 않는데 어머니와의 인연이 다시 맺게 되는 이유가 있을까요? 원인이라고 할까? 왜 그런 내키지 않는 결정을 하게 되었죠?

**최** 이 부분은 둘 다의 카르마 때문입니다. 두 사람의 카르마가 절묘하게 결합되어 있기 때문에 제가 배울 수 있는 면이 있었습니다.

**엄** 이승에서 몸을 받을 부모와 관련된 카르마가 나의 카르마와 굉장히 유사하기 때문에 부모를 통해 상당히 많은 카르마를 해소하는 것이네요.

**최** 굉장히 힘든 과정이지만 극복하는 것입니다.

**엄** 그럼 극복한다는 영적인 깨달음이 있을 것이라는 확신이 있었던 것이네요. 그렇다면 도움을 주거나 결정해 주는 사람이 있나요?

**최** 이것은 제가 결정한 게 아니라 그 주변 영들이 결정하고 저는 그냥 그것을 받아들였습니다.

**엄** 그렇다면 환생을 결정하기 위한 모임이 있나요?

**최** 네. 있습니다.

**엄** 인간들로 말하면 원로에 속하는 사람들이 '당신이 지구로 여행을 간다고 하니 이번에는 이런 곳으로 여행을 갔으면 좋겠다.' 고 조언을 해 주는가 보네요.

**최** 네. 그런 분들이 영계에 있습니다. 지금은 환생을 하고 싶어도 지구에 인구가 많아서 어렵습니다. 현재 여기에는 인구가 많습니다. 그런데 이중에는 아주 오랫동안, 몇만 년씩 기다렸다가 환생하려는 영들이 많은데 기회를 살리지 못하고 예전에 했던 악습을 계속해서 하네요.

**엄** 영혼의 세계에서 지구별로 용기 있게 떠나지 못하고 계속 그곳에서 머무는 영혼이네요?

**최** 영계에도 많은 차원이 있는데 아주 낮은 차원에서 환생을 못하고 있는 것이죠.

**엄** 진화가 있거나 깨우침을 겪기 위해 지구로 오는 것이네요.

**최** 환생을 하는 존재들이 많은데, 여기 있는 이 사람들은 죄업이 너무 크기 때문에 환생할 기회를 못 잡은 것이죠. 20세기가 되어 인구가 폭발적으로 늘어나면서 밑바닥 영들이 환생할 수 있는 기회가 생겼는데…….

**엄** 20세기에 인구가 늘어난 이유가 영계에서 수준 미달이 된 많은 영혼들이 일시에 지구로 환생했기 때문이라는 것인가요? 그 까

닭에 지구가 혼탁해지고 진화된 방향으로 가지 않고 후퇴했다는 말씀이죠?

**최** 이게 다 신의 섭리라고 할 수 있습니다.

**엄** 왜 갑자기 20세기에 지구별로 여행을 보낼 만한 수준에 이르지 못했던 영혼들의 환생이 허락하게 되었는지, 올 만한 수준이 안 된 영혼들이 오게 되는 것인지요?

**최** 이 영혼들은 아주 독특합니다. 아틀란티스 말기가 지금과 아주 비슷한 상황이었죠. 지금 지구에 있는 사람들은 굉장히 에고가 강한 사람들입니다. 신의 흉내를 내는 거죠.

**엄** 그 시대 말기에 있었던 영혼들인데, 지금 20세기의 지구 환경이 유사하니까 넘어오게 되었다는 것이죠?

**최** 당시는 아주 독특한 시기였습니다. (그 영혼들은 당시와) 비슷한 환경이 되기까지 기다려야 했습니다. 평범한 시대에는 조화롭게 지낼 수가 없었던 것이죠.

**엄** 그 사람들이 삶을 마감하는 시기와 비슷하기 때문에 온 거네요. 최근에 대지진이 일어났고……, 좀 더 구체적으로 그 옛날의 아틀란티스 대륙을 발견할 수 있는 시기는 언제일까요? 구체적으로 언제 증거를 얻을 수 있을까요?

**최** 앞으로 50~60년 뒤에 지각변동이 있는데 그때 알게 되죠.

**엄** 지금보다 더 큰 지각변동이 일어난다고요?

**최** 아직은 지각변동이 일어나지 않았습니다. 올해 있었던 일본 지진(동일본 대지진) 같은 것은 아무것도 아닙니다.

**엄**　그때쯤 되면 아틀란티스를 알게 되겠네요.

**최**　네.

**엄**　다시 이승에 올 때 당신 나름대로의 목표가 있었나요?

**최**　저는 2,000년 전에 엄청난 카르마를 만들었기 때문에 이것을 해소하기 위해 2,000년 동안 기다렸습니다.

**엄**　어스바운드나 이런 것과 관련된 것인가요?

**최**　아닙니다. 저는 기독교를 전파하면서 사실이 아닌 이야기를 전해서 많은 사람들로 하여금 불행과 고통을 겪게 했기 때문에 살인이나 강간보다 더 엄청난 카르마를 짓고 말았습니다.

**엄**　(그 카르마 해소가) 인생을 마감하는 그날까지 가능할까요?

**최**　제가 할 수 있는 기회가 왔으니까 최선을 다해야죠.

**엄**　가능한 방법이 무엇일까요?

**최**　앞으로 제 인생이 많이 바뀝니다. 지금은 책을 쓰고 있지만 앞으로 현실 속에서 사람들과 많이 부딪히면서 공동체를 만들어 나갈 것 같습니다.

**엄**　다시 어머니의 배 속으로 가만히 들어가 보십시오. 아까 불안한 느낌을 받았다고 했죠? 거기서 처음으로 자궁에 들어간 다음에 다시 영계로 외출을 하는지?

**최**　저는 안(자궁)에 있는 것을 안 좋아해서 대부분 밖으로 나갑니다.

**엄**　머무는 공간이 어디죠?

최 주변의 자연을 봅니다. 그러나 멀리는 안 나갑니다.

엄 자신이 거기에 갔을 때 다른 영혼들도 있나요? 특히 태아에서 나온 영혼들이 있었나요?

최 그럼요.

엄 태아의 영혼들끼리 정보를 주고받거나 교류를 하나요?

최 그렇진 않습니다.

엄 서로 안 맞는 것인가요?

최 진동수가 다릅니다.

엄 자. 좋아요. 다시 천천히 제 목소리를 편안하게 들어보십시오. 이 모든 것을 다 내려놓고 점점 더 깊이 들어갑니다.


## 2,000년 전의 자신의 전생 '사도 바울'

엄 다시 한 번 타임머신을 타고 먼 과거로 2000년 전쯤 그러니까 1세기쯤 되겠죠. 자신은 2000년 전에 큰 카르마를 지었다고 했거든요. 어떤 카르마를 지었는지 생각하지 말고 그리 한 번 가 보십시오.

최 저는, 그때 제가, 사도 바울이었습니다.

최의 이 뜻밖의 발언에 당시 그곳에 있던 우리들은 적이 놀랐다.

**엄**  바울이라는 것은 어떻게 알 수 있을까요?

**최**  전에 최면하면서 봤는데…….

**엄**  한 번 더 말씀해 주십시오. 구체적인 증거라는 느낌이 있는지.

**최**  어릴 적부터 그런 느낌이 있었습니다. 그때는 그게 뭔지 몰랐는데 최면을 통해서 알게 되었습니다.

**엄**  어떻든 최 선생님이 카르마를 그때(2,000년 전) 만들었다고 그랬죠?

**최**  네. 그때 저는 그렇게 안 했어야 됐습니다. 제가 그때 광기에 사로 잡혀 있어 가지고……. 저는 성장 과정에 문제가 많은 사람이었습니다. 아버지의 사랑을 받지 못해서 종교에 심취하고 기독교를 박해하고. 그러다 어떤 신비체험을 하고……. 그런가 하면 인생 자체가 차분하지 못하고 항상 뭔가에 사로잡혀 있는 인생을 살았습니다. 사실 그것을 극복해야 하는데 미친 사람처럼 말도 안 되는 이야기를 했고, 저도 그때 그게 이상하다는 느낌을 받는데 뭔가에 사로잡혔던 것 같아요. 자기최면에 빠져 있었던 거죠.

**엄**  그때 자신이 다른 사람들에게 어떤 영향을 끼친 거죠?

**최**  예수의 가르침을 이상하게 변질시켰습니다.

**엄**  좀 더 구체적으로…….

**최**  예수의 가르침은 출애굽 사건부터 나온 겁니다. 그것은 원래 건강한 가르침입니다. 공동체를 이루고 서로 사랑하고 살면 신에 가까워질 수 있다는 가르침입니다. 그것은 그 이전부터 예수까지 일관되게 흘러온 가르침이었습니다. 그런데 제가 그리스 사상과 접목시켜 변질을 시켰는데, 그게 마침 로마 시대의 시대적인 흐름과 맞아 떨어졌어요. 그러다 기독교가 너무나 커진 거죠. 그냥 사이비 종교 비슷하게 끝날 수 있었는데 저도 죽고 나서 굉장히 놀랐습니다. 기독교 자체가 모든 게 왜곡되어 있었고 제대로 맞는 게 하나도 없고. 통탄할 일이죠.

엄 그러니까 기독교의 교리라든가 기독교에서 가장 핵심적인 것이 사도 바울이 잘못 지도한 때문이라는 것이군요.

최 내세에 모든 것을 걸게 한 것이 잘못된 것입니다. 여기 태어난 사람은 모두 이유가 있거든요. 이것을 부정을 하니 거기서 모든 잘못이 생겨났던 거죠. 예수는 얼굴 마담에 불과했고 기독교를 만든 것은 사도 바울이라 할 수 있습니다.

엄 그럼 잘못 전달한 것이네요. 그래서 후세까지도 기독교는 현세를 부정하고 기도도 변질되었다는 것이네요. 이게 사도 바울의 카르마라는 것이군요.

최 그것은 엄청난 것입니다. 해소하기가 힘든 것입니다.

엄 당신은 지구에 올 때 카르마를 해소하고 싶다고 했거든요. 그러면 지금부터 여기에 같이 있는 성해영 교수님이 물어보겠습니다.

최는 여전히 최면 상태에 있었고 성해영 교수가 이어받아 질문을 시작했다. 이후에 다시 엄 박사가 들어와 최면을 마감한다.

**성해영**(이하 성)    최 선생님이 사도바울이었다면 이번 생에 한국에서 태어난 이유가 있나요?

**최**    한국은 다양한 종교가 섞여 있고, 일본이나 중국보다 훨씬 더 서구화되어 있습니다. 동양의 사상들이 껍데기만 남아 있는데, 사실 모든 게 껍데기에 불과하지요. 한국은 인류 문명사를 바꾸는 데에 상징적인 의미를 갖고 있습니다. 남과 북의 분리나 종교의 난립, 자본주의와 공산주의의 대립 등등. 그리고 한국인들은 단일성을 가지고 있습니다. 이 사람들은 집단으로 움직이기 때문에……, 아, 이 사람들은 하나로 움직입니다. 자기 생각이 없죠. 단체의 생각을 자기 생각으로 받아들이는데 그게 사람들에게 앞으로 굉장히 강렬한 인상을 주게 됩니다. 나라 자체가 뒤바뀐 것 같은 느낌을 받으면서, 전 세계적으로 충격을 몰고 오는 일이 생기게 됩니다.

**성**    그래서 최 선생님은 바울로 살았던 시절의 카르마를 한국이라는 장소에서 풀어낼 기회로 삼고 일을 하게 되는 것이네요.

**최**    저도 아주 큰일을 하게 됩니다. 제가 하는 일이 무엇이냐면요, 저는 2,000년 동안 굉장히 힘든 생활을 해 왔습니다. 카르마를 해소하기 위해서 그렇게 된 건데, 문선명이나 그런 사람들이랑은 차이가 있습니다. 이런 사람들은 처음에는 의도는 좋았지만 결국에는 부귀영화를 누렸습니다. 다가올 세계에 그런 식의 종교는 필요하지 않습니다. 한 사람을 신으로 떠받들고 나머지는 신민이 되는 그런 피라미드식의 종교는 필요없습니다. 이제는 완전히 새로운 개념의 종교가 나오는데, 거기서 제가 아주 중요한 역할을 하게 됩니다. 그러나 저를 앞으로 내세우지는 않을 겁니다. 저는 그동안 너무나 큰 시달림으로 단련되어 왔기 때문에 사람들에게 넘어가지 않습니다.

**성** 한국에서 충격적인 일을 한다고 했는데 그 부분에 대해서 조금 더 이야기 해주실 수 있나요?

**최** 한국은 새로운 경제 시스템을 갖게 됩니다. 그런데……

이 시점에서 최가 갑자기 눈물을 흘렸다.

**엄** 편안하게 마음을 가지세요. 좋아요. 점점 더 깊게, 모든 것을 내려놓고 편안하게…….

**최** 제가 눈물을 흘리는 이유는 앞으로 벌어질 일들이 떠올라서 그렇습니다. 네, 한국은 굉장히 억눌린 의식을 가지고 있습니다. 그리고 부정적인 의식이 강합니다. 그러면서 그 어떤 폭발하는 에너지가 느껴집니다. 그런 것 때문에 제가 계속 눈물이 납니다.

엄  그래요. 그게 언제쯤이라고 느껴지나요?

최  2030년.

엄  한 20년쯤 뒤가 되겠네요.

성  증오 같은 억눌린 게 폭발하면서?

최  아닙니다. 제가 하는 일은 건설적이고 긍정적으로 에너지가 돌아가게 하는 굉장한 일입니다. 그러기 위해서는 자기희생을 해야 하지요.

성  그렇다면 우리의 프로젝트에 오게 된 인연은 어떤 것인가요?

최  이 모임도 앞으로 하게 될 일과 연관이 있습니다. 직접적인 연관이 있는 것은 아니고 직간접적으로 계속 영향을 주고받게 됩니다. 뭐라고 지금 미리 말씀을⋯⋯, 미리 알 필요⋯⋯, 미리 알면 안 되죠. 미리 그 과정을 알면 안 되죠. 저도 모르거든요.


## 현재의 인연 '이집트 신관'


성  그렇지만 우연으로 우리가 얽히게 된 것은 아니지요? 혹시 전생에 최 선생님과 인연을 맺은 사람이 여기에 있나요?

최  세 분이 있습니다.

성  바울로 있었을 때?

최  아닙니다. 그 전에 이집트, 출애굽 사건이 있을 무렵에 세 분이⋯⋯. 저랑 연관이 있는 사람은 성 교수님, 그리고 최 교수님과 새로 오신 분(김정호), 세 분입니다.

**성** 어떤 식으로 얽히셨는지 설명해 주실 수 있나요?

**최** 두 교수님은 저와 같은 신관입니다. 그리고 김정호 선생님은 신관은 아니었는데, 뭔가 다른 인연으로 연관이 있습니다. 넷이서 서로 알고 지내던 사이입니다.

**성** 아, 그럼 굉장히 오래 전부터 인연이 있었던 것이네요. 그럼 오늘 만난 것도 굉장한 인연이 있었기 때문이네요.

**최** 굉장하지 않은 인연은 없습니다.

**성** 아까 아틀란티스 때와 똑같은 과제를 맡기 위해서 와 있다고 말씀하셨는데요. 그 과제에 대해서 조금 더 말씀해 주실 수 있나요? 무엇을 해결해야 하는지⋯⋯.

**최** 이 사람(아틀란티스 사람)들은 에고가 너무 강합니다. 자기들이 하느님처럼 행동하는 것이죠. 종교가 있고 없는 것과는 상관없습니다. 제가 하는 일도 이 사람들의 카르마를 덜어 주는 것과 연관이 있습니다. 통제하려고 하는 못된 사념을 버려야 합니다.

**성** 겸손함이라고 할까요? 이런 것을 집단적으로 배워야 한다는 것이네요. 그렇다면 요즘 최근에 겪고 있는, 과학적으로 이루어지는 부작용도 현재 인류가 해결해야 하는 것과 연관이 되어 있나요?

**최** 네. 그렇습니다. 그런데 지금 인류는 그것을 받아들이면 자의식에 상처를 입기 때문에 받아들이지 않고 자의식을 지키고 있습니다. 그렇게 되면 모든 게 왜곡되고 그때부터 작은 하느님이 되는 거죠.

성 아틀란티스는 그 과제를 성공적으로 수행하지 못했다고 하는데 이번 시대에는 어떻게 되고 있는 상황입니까?

최 이번에는 아틀란티스 때와는 다른데 그때 영들이 많이 배웠습니다. 이들은 계속해서 배우고 있습니다. 그때 굉장히 잘못된 부분들을 많이 깨달았기 때문에 그 부분은 되풀이되지 않습니다. 많은 준비가 이루어져 있었습니다.

성 앞으로 한국이 독특한 역할을 한다고 했는데 이것이 정치적인 통일과도 관련이 있나요?

최 네.

성 이런 과정이 격렬하지 않을까요? 그렇게 되면 부작용이 심할 수도 있지 않겠습니까?

최 그러나 의외로 쉽게 풀립니다. 이 과정은 이런 것에 비유할 수 있습니다. 어마어마한 빙벽이 있는데 이 벽을 무너뜨리려고 지금까지는 도끼나 망치로 두드려 왔어요. 그런데 이 빙벽 밑에는 기름 구덩이가 있었습니다. 그래서 여기다 불로 스파크를 일으키면 이 빙벽을 단번에 사라지게 할 수 있거든요. 근데 그런 생각을 못했던 거죠.

성 그 거대한 에너지를 폭발시키는 것은 우리가 다 생각할 수 있는 일이지만 종교나 새로운 방식의 영성 같은 것이 이런 것을 확립하는 것과 관련되나요?

최 종교와 영성으로는 그런 일을 할 수 없고 지금 제가 생각하는 화폐 시스템으로만 그 일을 할 수 있습니다. 종교와 영성은 극히 일부분의 사람만 제외하고 관심을 갖지 않습니다. 화폐 시스템을 통해서 진실된 마음을 보여주어야 합니다.

성 화폐 시스템이라는 게 어떤 것인가요?

최 지금의 시스템은 돈과 권력이 있는 사람들에게만 이익이 되는, 어떻게 보면 노름판 비슷한 것입니다. 그런데 사람들이 경제를 잘 모르기 때문에 그 잘못된 점을 지적하지 못하는 것이죠. 앞으로 새로운 화폐 시스템이 생기게 됩니다. 서로 공존하고 약자를 위해서 돈이 쓰일 수 있는 시스템이 되면서 사람들이 그것을 보고 자신들이 가진 사상이 엉터리라는 것을 알게 됩니다. 그러면서 인생관도 바뀌고 마음이 열리게 되고 진정한 영성을 이야기할 수 있게 되는 거죠.

성 좀 더 정확하게 말하면 새로운 경제 시스템을 말씀하시는 거죠? 자본주의나 사회주의, 공산주의와 다른 형태의 경제 시스템이 만들어져야 인류의 문제가 해결된다고 하는 것인가요?

최 공산주의는 맥을 잘못 짚었습니다. 공산주의는 정치권력을 바꾸면 해결될 거라고 했지만 자본주의의 문제점은 화폐에 있었습니다. 맥을 정확하기 짚어서 급소를 찌르면 거기서부터 무

너지게 됩니다. 그래서 이것을 아무도 혁명이라고 하지 않습니다. 아무도 투쟁을 하지 않지만 옛날의 사악한 돈보다 인간성이 살아 숨 쉬는 돈에 사람들이 매력을 느끼면서 기존의 화폐 시스템이 무너지게 됩니다.

**성** 그 말씀은 지금의 화폐 시스템을 바꾸는 새로운 시스템이 한국에서 굉장히 빠른 형태로 이루어진다는 것인가요? 폭력적이지 않게.

**최** 앞으로 사람들이 모여서 어떤 하나의 경제 시스템을 이루게 됩니다. 먹을 것, 교육, 입을 것을 완전히 새로운 방식으로 바꿉니다. 그러면서 자기들끼리 모여서 재미있게 살게 되죠.

**성** 그러면 그런 것이 언제쯤 본격적으로 이루어지고 주축이 되는 사람들은 어떤 사람인가요?

**최** 여기 있는 사람들이 2020년부터 그런 움직임을 시작할 것입니다. 그리고 2030년쯤이 되면 어느 정도 모양새를 갖출 겁니다.

**성** 선생님 말씀에 가슴이 두근거리고 마음이 복잡하네요.

**엄** 그러면 아주 먼 옛날에 인연이 있던 이분들이 앞으로 20~30년 뒤에 어떤 일들을 하게 되는 건가요? 특별히 미래 세계에서 해야 할 역할이 있다면 알려 주십시오.

**최** 그런 건 미리 아실 필요가 없습니다. 그런데 두 분(최 교수와 성 교수)은 아직 정신적으로 준비가 완벽하게 되지 않았습니다. 이건 아닌데, 이건 아닌데 하면서 질질 끌려가는 인생을 살아 오셨는데요, 이제는 자기를 버리고 헌신할 준비를 하게 될 것입니다. 일은 자연스럽게 풀려 나갑니다. 그것은 우리가 하는 것이 아니라 영들이 하는 것입니다. 모든 준비는 갖춰져 있습니다.

엄 그걸 다 정리하고 편안하게 저를 따라오십시오. 다시 편안하게 모든 것을 다 내려놓습니다. 최면 전에 최 선생님이 물어봐 달라고 해 묻습니다. 지금 자신이 읽고 있는 채널링 책인 "re-connection"이라는 책은 어떤 책인지 영이든지 수호령에게 물어 보십시오.

최 그 책은 엉터리입니다.

엄 더 이상 큰 의미를 두지 말라는 것이네요.

최 아니요, 의미를 두어야 합니다. 아주 잘못된 메시지를 담고 있기 때문입니다. 아주 위험한 책입니다.

엄 왜 그런 거죠?

최 그 책은 아무 내용이 없습니다. 단지 플레이아데스(자매성단)를 언급한 것이 중요할 뿐입니다. 이 성단이 실제로 존재한다는 인상을 주었다는 데에서 그 의의를 찾아볼 수 있습니다.

엄 존재한다고 알려준 것만으로도 역할을 다한 거네요.

최 플레이아데스를 설명해 주는 것만으로도 의미가 있는 것이죠.

엄 플레이아데스가 실제로 존재하나요?

최 다 지어낸 이야기입니다. 플레이아데스는 고대 인류라는 상징적인 의미를 갖고 있을 뿐 UFO랑은 상관없습니다. 아까 제가 말씀드린 아틀란티스 말기에 살았던 그 영들과 연관이 되어 있습니다. 그 친구들이 지어낸 이야기죠. 그들 중에 상태가 안 좋은 사람이 지어낸 이야기죠. 이 친구들은 아주 심한 망상에 빠져 있었습니다. 자기들이 지어낸 이야기에 자기들이 속고 또 다른 사람들을 속이는 거죠. 저도 속았습니다. 이런 책들은 전부 소설입니다.

플레이아데스 류의 책을 보면 자기들이 사령관이라는 둥 플레이아데스에서 전쟁이 나서 지구에 인류를 보냈다는 둥 이게 다 소설입니다. 내용의 1/3은 이런 소설로 되어 있습니다. 다 지어낸 이야기지요. 그 다음의 1/3은 당연한 이야기들입니다. '서로 사랑해라'든지 '사랑이 없는 성관계는 나쁜 것'이라든지 하는 게 그것이죠. 자기들이 마치 어마어마한 배경을 가진 것처럼 이야기하지요. 그리고 나머지 1/3이 중요한데 거기서는 초능력을 개발하라는 따위의 영적인 이야기가 나옵니다. 이것은 영적인 세계와 결합하라고 하는 것인데 사람들은 이것을 사실처럼 생각해 영계와 접촉하려고 합니다.

그런데 그렇게 되면 접신하게 됩니다. 이때 접촉하는 영혼들은 아주 낮은 차원에 속해 있습니다. 그 때문에 이들은 에너지를 구하기 쉽지 않아 자꾸 사람들과 접촉하려고 합니다. 높은 차원에서는 빛이 있어 에너지를 구하지 않아도 되지만 이 영들은 그런 차원까지는 갈 수 없으니 사람들의 에너지가 필요한 것입니다. 이 영들은 지박령(어스바운드)보다 더 에너지를 얻기 힘듭니다. 그들은 특유의 에고를 만족시키기 위해 자신들이 전생에 유명한 사람이었다고 주장합니다. 이들은 자기가 예수였다느니 하는 식으로 말하는데 아주 유치합니다. 그 책에서 악취가 나는 것 같지 않습니까? 영계에서 높은 차원으로 가면 영들은 이름도 없고 전생에 자신이 어떤 사람이었는지에 하는 것에 대해서도 관심이 없습니다. 높이 올라갈수록 모두가 점점 더 하나가 되어 가는 것입니다. 그래서 환생했을 때 자신이 어떤 사람이었는지 하는 따위에 대해서 관심이 없는 것입니다.

**엄** 플레이아데스에 관한 이야기들은 아틀란티스 시절 말기에 만들어낸 소설 같은 이야기라고 정리하면 될까요? 그렇다면 플레이아데스에 대해 더 이상 관심을 보이지 말라고 하는 것이네요.

**최** 플레이아데스에는 고등한 생명체가 있지만 우리와는 상관이 없습니다. 그리고 빌리 마이어(Billy Meier, 프랑스의 유명한 UFO접촉자)의 얼굴을 보십시오. 얼굴이 사람의 성격을 보여주는 것입니다.

**엄** 일본에 대지진이 일어나고 세계적으로 공포에 빠져들고 있는데 이것을 어떻게 받아들여야 하나요?

**최** 영혼은 불멸하기 때문에 지금 당장은 아파도 지구가 변화하는 과정이라고 생각하면 됩니다. 이번에 일본 대지진은 원전이 얼마나 위험한지 인식하는 계기가 되었습니다.

**엄** 그렇다면 이번에 희생된 일본의 수만 명의 영혼들은 같은 곳으로 가나요?

**최** 등급이 분리되죠. 별의별 사람들이 한군데에 모여 있지만……

**엄** 혹시 한국의 미래에 대재앙이나 그런 계기가 주어질까요?

**최** 앞으로 한국은 경제적으로 어려울 것입니다. 특히 복지와 같은 분야에 새로운 변화가 올 것입니다.

**엄** 하나의 전환기라고 생각하면 되겠네요.

**성** 아까 플레이아데스에 대해 말씀하셨는데 혹시 『기적 수업』이라는 책을 아시나요? 채널링에 대해서는 어떻게 생각하십니까.

**최** 채널링 자체를 중요하게 생각하지 마십시오. 그 자체에 한계가 있습니다. 대부분은 신뢰할 필요 없습니다.

**성** 지금 선생님께서 최면 상태에서 주는 정보도 일종의 채널링이 아닌가요?

**최** 저는 다릅니다. 저는 제 잠재의식의 내면에서 알고 있는 기억들을 끄집어 올리는 것이죠. 반면 채널링는 다른 인격체가 그 사람을 통해서 메시지를 전하는 것입니다. 그리고 채널링하는 사람들의 의식수준은 그렇게 높지 않습니다. 그렇기 때문에 그런 에너지에 끌려서 그런 수준의 이야기를 하는 것입니다. 그러면서 서로 공생 관계를 갖는 것이죠. 채널링 책들은 대부분 읽지 마십시오. 도움이 안 됩니다.

여기까지 최면을 하고 간단한 유도로 최는 최면에서 깨어났다.

# 해설

최가 최면에서 깨어난 뒤 가장 먼저 한 말은 이번 최면 중 자신이 바울을 직접 이미지로 보았다고 하면서 그의 코가 아주 컸던 게 인상적이었다고 말한 것이었다. 이번 최면에서 나온 내용은 어떻게 보면 대단한 메시지 같기도 하고, 또 어떻게 보면 아주 황당한 이야기여서 종잡기가 쉽지 않다. 우선 최가 자신이 바울이었다고 주장하는 것부터가 그렇다. 이런 주장은 액면 그대로 믿기에는 당연히 무리가 따른다. 그런 것들을 감안하고 이 최면에서 나온 내용들을 분석해 보자.

최는 중국인으로서의 전생을 살았을 때 자신이 태어나는 당시의 상황을 묘사하면서 부모가 자신을 수정했을 당시에 자궁으로 들어가지 않았다고 주장했다. 이것은 다른 많은 역행최면에서도 묘사되는 바이다. 우리는 일반적으로 정자와 난자가 만났을 때 바로 영혼이 깃드는 것으로 생각하기 쉬운데 역행최면자들의 이야기를 들어보면 영혼이 자궁에 안착되는 것은 대체로 임신 후 수 개월이 지난 뒤라고 한다. 그리고 자궁에 들어간 뒤에도 그곳에만 붙들려 있는 것이 아니라 다시 영혼 상태로 돌아다닐 수 있다고 한다.

그다음 질문은 자신의 모친을 선택할 때 어떻게 하느냐는 것이었는데 최는 지난번처럼 조언자들이 있어 그들의 의견을 따라간다고 했다. 그다음 내용도 재미있다. 20세기에 지구의 인구가 굉장히 많이 늘어난 것은 영혼들로 하여금 지구에 환생해서 더 진화를 할 수 있게 하려는 섭리라는 것이다. 그렇게 해서 많은 영들이 지구로 환생 했지만 아직도 낮은 차원에 있는 수많은 영들은 죄가 커서 환생의 기 회를 잡지 못하고 있다고 한다. 그리고 이렇게 지구에 태어난 영들이 사실은 아틀란티스 대륙이 있었을 시기에 그 말기에 살던 영혼들이 라는 것이다. 그 당시에 살던 영들은 수준이 낮아 자기만 아는 이기 주의에 빠져 있었는데 지금 지구에 사는 영들이 바로 그렇다는 것이 다. 그런데 최는 우리가 이 아틀란티스 대륙에 대해 실제로 알게 되 는 것은 50~60년 뒤의 일이라고 하니 아직도 많은 세월이 남은 것을 알 수 있다. 그러나 우리 대부분은 그때는 지구상에 없을 터이니 이 사실을 확인할 수 없어 안타깝다.

그다음 이야기는 정녕 믿기 어려운 것이다. 본인이 먼 전생에 사도바울이었다는 것인데 그는 어릴 때부터 그런 생각이 있었지만 근자에 최면을 통해 확실하게 알게 되었다고 실토했다. 그런데 더 문 제는 자신이 바울이었을 때 예수의 가르침을 변질시켜서 많은 사람 들에게 해를 끼쳤다는 것이다. 지금 서양 기독교가 분명 예수의 가르 침에서 많이 떨어져 있는 것은 사실이다. 그래서인지 기독교를 제대 로 알고 있는 사람들은 현재의 그리스도교는 '바울교'로 불려야 한다 고 말하기도 한다. 왜냐하면 초기 기독교 신학의 틀을 바울이 세웠기 때문이다. 최에 따르면 바울의 결정적인 잘못은 현세를 무시하고 내

세만을 중시한 데에 있다고 한다. 우리가 현세에 나온 것은 카르마 법칙상 다 이유가 있어서인데 바울은 이런 것을 모두 무시했다는 것이다. 그런데 과연 그것이 그렇게 큰 죄가 될까? 그런 것보다는 기독교 외에 다른 종교를 인정하지 않는다든가 예수만을 유일한 구세주로 표방한다든가 하는 교리들이 더 문제가 많은 것 아닐까 하는 생각이 드는데 최는 이런 점은 언급하지 않는다. 최는 더 나아가서 본인이 이 카르마 때문에 2,000년 동안 아주 힘든 삶을 살았고 그것을 해소하기 위해 한국에 태어났다고 주장했다. 그런데 그 업보를 해소하는 일이 종교에 관한 것이 아니고 새로운 화폐 시스템을 구축하는 것이라고 실토했다. 지금의 경제체제는 문제가 많기 때문에 더 이상은 이렇게 갈 수 없다고 하는데, 정작 새로운 화폐제가 어떤 것인가에 대해서는 별 언급이 없었다. 그런데 이 새로운 일을 할 사람이 바로 이 최면을 행하고 있는 필자(최준식)와 성해영 교수라는 놀라운 주장이 나왔다. 더 재미있는 것은 필자와 성 교수, 그리고 최의 인연이 꽤 오래되었다는 것이다. 최의 주장에 따르면 우리 세 사람은 모세가 이스라엘 사람들을 이끌고 이집트를 탈출하던 시기에 이집트에서 신관의 일을 하고 있었다는 것이다. 최는 진즉에 우리가 신관으로 있었던 곳이 헬리오폴리스라는 곳이라는 사실을 알고 있었다고 한다. 그 때문에 자신은 이미 그 지역을 여행하고 왔고 그곳에 갔을 때 강한 기를 느끼는 등 이상한 일을 겪었다고 나중에 사석에서 밝혔다.

　어떻든 이와 같이 지금의 인류를 구하는 위대한 일을 우리가 시작하게 되는데, 본격적인 일은 2,020년이 되어야 시작되고 2,030년이 되면 어느 정도 모습을 갖춘다고 한다. 그런데 최가 필자나 성 교수에 대해 준비가 제대로 안 되어 있다고 한 지적도 재미있다. 우리가 줏대가 없이 질질 끌려다니는 삶을 살았다고 했는데, 우리로서는 그러한 지적을 충분히 받아들일 수 있었다(지금까지 그리 당당하게 잘 살았다는 느낌이 들지 않기 때문이다). 그러나 준비가 안 되어 있다고는 하지만 2,020년까지는 시간이 꽤 남아 있으니 더 노력하면 되지 않겠나 하는 생각도 든다. 게다가 영들이 다 준비를 갖추어 놓고 있다는데 우리가 걱정할 일이 없지 않겠는가? 그냥 흘러가는 대로 가면 될 일이다. 그러나 최의 이 말들을 과연 믿을 수 있을지는 완전히 다른 문제에 속한다.

마지막으로 언급할 것은, 최는 최면이 시작되기 전에 자신이 당시 채널링 책을 읽고 있는데 좀 기분이 이상하다고 하면서 채널링에 대해 물어봐 달라고 엄 박사에게 요청했다. 그가 최면 때 밝힌 채널링의 실상은 아주 재미있었다. 지금까지 번역되어 나온 채널링 책들은 꽤 많은데 이 책에서 채널링되어 들어오는 영들은 높은 영계에 있는 영혼들이거나 외계인 등 다양하게 나타나고 있다. 최근작으로 대표적인 것은 저자가 예수의 제자였던 도마와 다데오를 만나 가르침 받은 것을 적었다는 『우주가 사라지다』와 같은 것이다. 그런데 이것들에 대한 최의 비판은 준엄하다. 이런 책들의 내용을 보면 1/3은 소설이고 또 1/3은 하나 마나 한 이야기들이고 나머지 1/3은 영적인 이야기인데 이것도 영양가가 없기는 마찬가지이기 때문이란다. 그러니 별 볼 일 없는 게 이 채널링이라는 것이다. 나도 채널링에 대해서는 다른 책(졸저 『죽음의 미래』, 2011)에서 『우주가 사라지다』를 거론하면서 비판한 적이 있다. 최가 빌리 마이어에 대해 짤막하게 언급한 것도 재미있다. 마이어의 주장에 따르면 그는 플레이아데스 성단에서 온 사람을 채널링해 가르침을 받고 그것을 책으로도 냈다. 그런데 최는 마이어의 얼굴을 보라고 주장했다. 최가 최면 상태에서 명시적으로 이야기하지는 않았지만 그런 저급한 얼굴로 무슨 영적인 이야기를 하느냐 하는 뜻이었다. 이와 함께 최는 채널링 책들은 그다지 읽을 필요가 없다는 것으로 종결짓고 있다.

### 그 뒤의 이야기

최성민은 이 이외에도 3월 29일(2011년)에 한 번 더 최면을 받았는데 그것을 일일이 다 적을 필요가 없을 것 같아 여기서는 당시에 한 이야기들을 요약 정리해서 싣는 것으로 그에 대한 최면 보고를 마무리할까 한다. 마지막 세션에서 최는 자신이 고차원의 영계에 있다가 인간계로 내려왔기 때문에 영계의 실상을 알려고 할 때 굳이 그곳에 있는 영들과 통할 필요가 없다고 했다. 왜냐하면 자신의 무의식 안에 있는 고차원 영계의 정보에 접근하면 되기 때문이이라는 것이다. 최면 상태가 되면 이런 작업이 가능해진다고 한다. 그리고 채널링은 우주 법칙에 어긋나기 때문에 고차원의 영계에서는 좋아하지 않는다고 했다. 고차원의 영들은 인간의 존엄성을 인정하기 때문에 인간을 허수아비처럼 만드는 채널링 방법을 안 쓴다는 것이다. 게다가 아무리 채널링이라고 하지만 인간이 정보를 재구성하기 때문에 결코 완벽할 수 없다고 한다. 따라서 어떤 정보가 나오든지 그것을 그대로 전하기보다는 서로 토론하면서 가다듬어야 한다고 한다.

채널링 책 중에 대표적인 것은 이른바 'Seth' 문건*이라 할 수 있는데 그래도 이 책은 채널링 책 중에는 수준이 제일 높다고 할 수 있다. 그러나 다른 채널링 책처럼 위험하기는 마찬가지이다. 또 최에 따르면 이 세스라는 영혼을 수용하는 주인공들(제인 로버츠 등)의 사진에서 오는 느낌이 별로라고 한다(이들의 얼굴이 높은 영계의 영혼과 소통할 만큼 영적으로 높은 수준의 얼굴이 아니라는 것이다). 그리고 이 책에 등장하는 영혼들은 인간계와 가까운 데에 있어 그들이 주는 정보가 그리 고급스런 것은 아니라고 한다. 자신이 보기에 예수는 인도가 아니라 이집트에서 깨달음을 얻었다. 그리고 이집트에 있던 신전은 예수 이후에 모두 사라졌단다(주인공이 탄생했으니 더 이상 이런 신전이 있을 필요가 없어진 모양이다). 출애굽을 기획한 신전이 헬리오폴리스에 있는데, 이 신전은 예수의 탄생과도 관계가 있다고 한다. 사실 예수는 이 세계에 관심이 없다고 한다. 마치 어른이 아이들 일에 관심 없듯이 말이다.

---

＊ 이중에 한국에서 번역된 책은 제인 로버츠, 서민수 역, 『세스 매트리얼』, 도솔, 2001. / 제인 로버츠, 서민수 역, 『육체가 없지만 나는 이 글을 쓴다』, 도솔, 2008.

한국은 앞으로 엄청나게 바뀌게 되는데 그러면서 이 나라에는 대단한 에너지가 생길 것이라고 한다. 한국에는 내부 갈등이 심하지만 그럼에도 불구하고 발전하는 것은 에너지가 엄청나기 때문이라고 한다. 그래서 한국인은 선택받은 국민이라 할 수 있는데, 이 때문에 한국인들이 자만해서는 안 된다고 최는 힘주어 말했다. 남북통일은 지금부터 10년이 지난 이후에나 가능한데 이 조건이 갖추어지려면 남한이 먼저 정비되어야 한다고 한다. 한국인들은 이명박 대통령 시대에 많이 배우게 되는데 특히 '도덕성'이 중요하다는 것을 알게 된다고 한다.

UFO에 대해서는, 이들이 자꾸 지구 하늘에 나타나는 이유는 인간이 과학에 대해 갖고 있는 오만을 깨기 위해서라고 한다. 예를 들어 우주선들이 지그재그로 날아다니는 것은 인간의 과학으로는 설명할 수 없지만 가능하다는 것을 보여주기 위함이란다. 재미있는 것은 이렇게 행동하는 외계인들도 답답해 한다는 것이다. 자기들이 별짓을 다하면서 인간 과학이 잘못됐다는 것을 보여주려 해도 인간들이 자신들의 존재를 안 믿기 때문에 그렇다는 것이다. 인간들이 UFO의 존재를 확실하게 알게 되는 것은 2,020년 이후에 대체에너지가 나온 다음에야 가능하게 된다고 한다. 이전 최면에서 최는 인간이 UFO와 직접적으로 소통할 수 있는 것은 2,100년에나 가능할 것이라고 보았는데 여기서는 단지 인간이 UFO의 존재를 인정하게 되는 시기만 언급한 것이다.

# 에필로그

여기에 수록된 내용들이
영계가 존재한다는 것을 증명해 주는 결정적인 단서가 될 수는 없다.
그러나 그렇다고 해서 무조건 허구라고 치부하는 것도 바람직한 태도는
아니라고 본다. 각각의 세션에서 피최면자들은 매우 진지하게 최면에
임했기 때문이다. 따라서 우리는 우선 열린 마음을 갖고
이 내용들을 검토해 보고 그 내용 중에 배울 것이 있으면 배우고
그렇지 않다고 생각되는 것은 받아들이지 않으면 되지 않을까 싶다.

이렇게 해서 총 다섯 번에 걸친 최면이 끝났다. 이 책에 사례가 소개된 두 사람은 영적인 면에서 나름대로 특색이 있는 사람이라 할 수 있다. 가령 첫 번째로 소개한 왕수련(가명)은 일반적인 경우라 할 수 있고 두 번째인 최성민(가명)은 영적으로 매우 발달한 경우라 할 수 있을 것이다. 첫 번째 경우가 일반적이라는 것은 왕수련의 최면 세션에서는 우리가 알고자 했던 정보가 별로 나오지 않았기 때문이다. 예를 들어 영혼은 어떻게 생겼는지, 안내령이 마중을 나오는지, 전생 리뷰는 어떻게 하는지, 영계 공동체가 있는지 하는 등등 우리가 관련 서적에서 접했던 질문들에 대해 별 뾰족한 대답을 얻지 못했다.

이 문제는 두 가지로 생각해 볼 수 있겠다. 하나는 왕을 몇 번 더 최면했더라면 우리가 바라는 답이 나왔을지도 모른다는 것이다. 왕의 사정 때문에 최면을 두 번에 그칠 수밖에 없었는데 계속했더라면 더 풍부한 결과가 나올 수도 있었다는 것이다. 그런가 하면 오히려 왕의 경우가 정상이 아닐까 하는 생각도 들었다. 왜냐하면 우리가 얻어낸 정보에 의하면 대체로 많은 사람들이 죽은 다음에도 자신이 죽은 사실을 모른다는 것이었다. 그래서 그런 것을 모티프 삼아 「식스 센스」나 「디 아더즈(The Others)」 같은 영화가 적잖이 만들어지지 않았던가? 우리 주위에 있는 대부분의 사람은 주위 환경에 휩쓸려 별생각

없이 살고 있다. 그와 같이 우리는 거개가 살았을 때에 물질에 빠져 이승이 전부인 줄 알고 살다가 죽음을 맞이한다. 게다가 죽음에 대해 올바른 생각이나 정보도 갖지 않고 많은 경우 끝까지 죽음을 거부하다 황망하게 죽음을 맞는다. 이것이 우리 주위에서 가장 많이 발견할 수 있는 죽음의 모습이다. 그런데 이런 사람이 죽어서 영혼의 형태로 영계로 들어간들 갑자기 현명해질 수는 없는 법이다. 영계는 철저하게 자신의 의식 수준에 따라 자신이 만들어 내는 대로 외계가 펼쳐지기 때문에 그 세계에 빠져 정신 못 차리는 경우가 많다. 그러니까 자신이 죽었는지 살았는지조차 모르고 있다가 자신이 생각하는 대로 외계가 펼쳐지면 그것에 또 빠져 – 흡사 이 물질계에서 정신 못 차리고 살았듯이 – 그곳에서의 귀중한 시간을 다 허비하는 게 보통 영혼들의 모습 아닌가 한다. 그러다 다시 환생할 시간이 되면 업보가 밀어내는 장력(field power)에 끌려서 지상으로 내려오는 것이다. 그렇게 다시 태어나면 또 영계에서의 생활은 다 잊고 이승만이 존재하는 줄 알고 물질에 빠져 살아간다. 이게 불교나 힌두교에서 말하는 윤회의 실상인 것이다. 이런 상태에서 보면 왕수련의 경우가 이해가 된다. 그저 업보에만 끌려 속박된 채로 사는 우리의 모습인 것이다.

그에 비해 두 번째 피최면자인 최성민은 일단 여기에 나온 내용만 보면 대단히 진화된 영혼으로 보인다. 우리가 묻는 질문에 모두 유익한 정보를 주었기 때문이다. 그의 영계에는 안내령도 있었고, 전생 리뷰도 있었으며, 충고를 아끼지 않는 고급령도 나타났다. 최가 주장한 것에 의하면 자신이 필자(최준식)나 성해영 교수보다도 영적으로 뛰어나 더 높은 영계에서 왔다고 하니, 그 주장을 믿는다면 그는 대단히 고급한 영임에 틀림없을 것이다. 그리고 실제로 그가 말하는 내용 중에는 귀가 솔깃하는 독창적인 정보나 내용도 적지 않아 그가 범상치 않은 영혼 같다는 낌새는 어느 정도 차릴 수 있었다.

예를 들어 채널링으로 쓰인 책들에 대한 그의 평가가 그렇다. 쉽게 말해 그런 책들은 믿을 게 못 된다는 게 그의 주장이었다. 『기적수업』이니 『우주가 사라지다』와 같은 채널링 책들에 대해 별생각 없이 믿으려고 하는데, 그렇게 쉽게 생각하면 안 된다는 것이 필자의 지론이기도 하다. 이에 대해서는 필자의 『죽음의 미래』에 밝혔으니 그것을 참조하면 되겠다. 그렇다고 이런 책들을 무조건 거부하라는 것은 결코 아니고 다만 신중하게 생각하라는 것이다.

이 외에도 최성민이 말한 UFO나 인류의 미래에 대한 이야기들도 재미있는 내용이 많았다. 그럼에도 불구하고 그의 진술에는 의구심이 드는 부분도 적지 않았다. 우선 그가 영계에 대해서 말할 때 그 자신이 실제로 영계에 있던 그 당시로 역행한 것인지 아닌지부터가 확실하지 않았다. 그는 이러한 방면으로 수많은 책을 읽고 번역하는 일을 했기 때문에 영계에 대해서도 비교적 소상하게 알고 있다. 그래서 그런 지식이 무의식에 저장되어 있었을 것이다. 바로 그 지식이 최면 상태에서 떠올라 최면사가 묻는 질문에 아주 그럴싸하게 자신이 마치 영계에 있는 것처럼 대답한 것 아닌가 하는 생각이 든다. 그렇지만 그가 최면 상태에서 매우 생생하게 영계를 묘사하는 것을 보면 연극을 하고 있다는 생각은 들지 않았다. 특히 영혼들이 지구에 다시 환생하기 전에 머무는 곳에서 그곳 영들과 대담하는 것들은 진정성이 느껴졌다. 그러나 여전히 그가 수천 년 전에 이집트의 헬리오폴리스에서 신관이었다든가 자신이 바울이었다고 주장하는 것은 받아들이기가 쉽지 않다. 그렇다고 그 주장이 틀렸다고 말할 수도 없다. 왜냐하면 그런 주장은 긍정하거나 부정할 어떤 확실한 근거가 없기 때문이다. 따라서 이 책에서 최면을 통해 나온 내용들은 독자들이 스스로 그 수용 여부를 판단하는 것이 좋겠다.

여기에 수록된 내용들이 영계가 존재한다는 것을 증명해 주는 결정적인 단서가 될 수는 없다. 그러나 그렇다고 해서 무조건 허구라고 치부하는 것도 바람직한 태도는 아니라고 본다. 각각의 세션에서 피최면자들은 매우 진지하게 최면에 임했기 때문이다. 따라서 우리는 우선 열린 마음을 갖고 이 내용들을 검토해 보고 그 내용 중에 배울 것이 있으면 배우고 그렇지 않다고 생각되는 것은 받아들이지 않으면 되지 않을까 싶다.

이런 일은 항상 같은 상황에 부딪힌다. 여기 나온 내용들을 다 믿기에는 부족한 점이 있지만, 그렇다고 부정하기에는 이러한 내용들이 시사하는 의미가 간단치 않기에 조심스러울 수밖에 없다는 것이다. 따라서 결론도 항상 유사하다. 항상 열린 마음을 갖되 스스로 판단하는 이성적인 태도를 가지고 공부를 거듭해 가야 한다는 것이다.

# 전생 이야기

등 록 1994.7.1 제1-1071
1쇄 발행 2013년 6월 15일
2쇄 발행 2019년 1월 31일
3쇄 발행 2021년 8월 15일

지은이 최준식 엄영문
펴낸이 박길수
편집인 소경희
편 집 조영준
관 리 위현정
디자인 이주향
펴낸곳 도서출판 모시는사람들
　　　03147 서울시 종로구 삼일대로 457(경운동 수운회관) 1207호
전 화 02-735-7173, 02-737-7173 / 팩스 02-730-7173
홈페이지 http://www.mosinsaram.com/

배 본 문화유통북스(031-937-6100)

값은 뒤표지에 있습니다.
ISBN 978-89-97472-40-6　04100
ISBN 978-89-97472-34-5　04100 (SET)

이 도서의 국립중앙도서관 출판시도서목록(CIP)은 e-CIP 홈페이지
(http://www.nl.go.kr/ecip)에서 이용하실 수 있습니다.
(CIP제어번호: 2013005817)